아름다운 독도와
우리 섬

《아름다운 독도와 우리 섬》은 초등학교 교과서의 이런 단원과 관련이 깊어요.

 2학년 1학기 국어
  2. 알고 싶어요 〈독도의 여러 이름〉

 4학년 1학기 국어
  7. 넓은 세상 많은 이야기 〈제주도에서〉

 5학년 2학기 국어
  4. 말과 실천
    (1) 우리의 의견 – 독도

 4학년 1학기 사회
  1. 우리 지역의 자연환경과 생활 모습
    (2) 우리 지역의 자연환경
    (3) 우리 지역의 생활 모습

 5학년 1학기 사회
  1. 우리 나라의 자연환경과 생활
    (2) 자연환경을 이용한 생활

오십 빛깔 우리 것 우리 얘기 ⑳

아름다운 독도와 우리 섬

우리누리 글 • 허구 그림

주니어 중앙

> 추천의 말

어린이가 꿈을 키우는 터전

꿈 많은 어린 시절엔 장대한 역사와 위대한 문화유산에 관한
책을 읽는 것이 좋다.
거기에는 어린이가 꿈을 키우는 터전이 있기 때문이다.
감수성 예민한 어린 시절엔 흥미로운 그림을 통하여
재미있게 이야기를 풀어간 책이 좋다.
그것은 시각적 인식을 통해 어린이의 상상력을 자극하기 때문이다.
『오십 빛깔 우리 것 우리 얘기』는 이런 필요조건을 갖춘
고급 어린이 교양도서라 할 만한 것이다.

유홍준
(전 문화재청장, 현 명지대 교수,
『나의 문화유산 답사기』 저자)

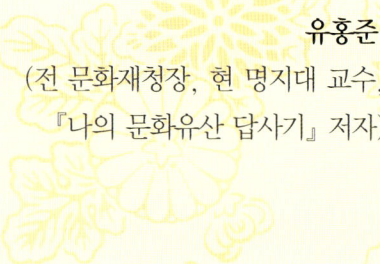

 ## 이 책을 추천해 주신 선생님들

● 전래놀이, 풍속과 관련된 수업에 활용하고 있습니다. 옛 풍속과 관련해서 요즘에는 잘 사용하지 않는 용어들이 있어서 아이들이 어려워하는데, 이 책에는 사진 자료와 함께 쉽고 정확하게 설명이 되어 있어 아이들이 이해하기 쉽게 되어 있습니다.
— 손영수 선생님(가사초등학교)

● 아이들이 우리의 전통문화를 쉽게 접할 수 있도록 도움을 주는 소중한 자료입니다. 우리 학교의 독서 퀴즈 대회에서 매년 사용하는 책이랍니다.
— 성주영 선생님(도당초등학교)

● 우리의 옛 풍습과 문화, 관혼상제 등에 대해 자세히 설명되어 있어 수업을 하기 전에 미리 읽어 오라고 하는 도서입니다.
— 전은경 선생님(용산초등학교)

● 우리의 문화와 역사를 초등학생들이 이해하기 쉽도록 재미있는 옛이야기로 풀어낸 점이 가장 마음에 듭니다. 초등 교과와 연계된 부분이 많아 학교 수업에 많이 활용하는 도서입니다.
— 한유자 선생님(삼일초등학교)

김임숙 선생님(팔달초)　　조윤미 선생님(화양초)　　이경혜 선생님(군포초)　　염효경 선생님(지동초)
오재민 선생님(조원초)　　박연희 선생님(우이초)　　박혜미 선생님(대평중)　　이진희 선생님(수일초)
최정희 선생님(온곡초)　　정경순 선생님(시흥초)　　박현숙 선생님(중흥초)　　김정남 선생님(외동초)
이광란 선생님(고리울초)　김명순 선생님(오목초)　　신지연 선생님(개포초)　　심선희 선생님(상원초)
문수진 선생님(덕산초)　　정지은 선생님(세검정초)　정선정 선생님(백봉초)　　김미란 선생님(둔전초)
김미정 선생님(청덕초)　　조정신 선생님(서신초)　　김경아 선생님(서림초)　　김란희 선생님(유덕초)
정상각 선생님(대선초)　　서흥희 선생님(수일중)　　윤란희 선생님(안산시근로자시민문화센터어린이도서관)

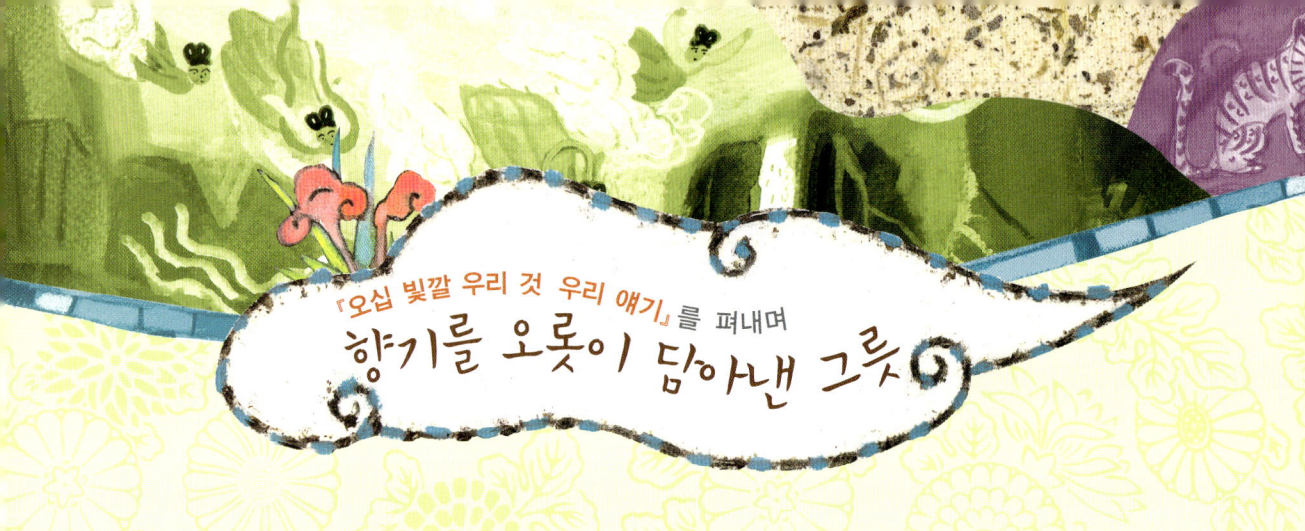

『오십 빛깔 우리 것 우리 얘기』를 펴내며
향기를 오롯이 담아낸 그릇

　『오십 빛깔 우리 것 우리 얘기』 시리즈가 처음 출간된 지 어느덧 16년이 되었습니다. 그동안 수많은 어린이와 부모님, 그리고 선생님들의 사랑을 받으며 전 50권이 완간되었고, 어린이 옛이야기 분야의 고전(古典)이자 스테디셀러로 굳건히 자리매김해 왔습니다.

　이 시리즈는 '소중히 지켜야 할 우리 것'에 대한 이야기를 어린이를 위해 '쉽고 재미있게' 풀어쓴 책입니다. 내용으로는 선조들의 생활과 풍습 이야기, 문화재와 발명품 이야기, 인물과 과학기술·예술작품 이야기, 팔도강산과 고유 동식물 이야기 등 우리나라 역사와 전통문화 모든 영역을 총망라하고 있습니다. 그리고 이를 50가지 주제로 엮어 저학년 어린이도 얼마든지 볼 수 있도록 맛깔나는 옛이야기로 담아냈습니다. 장대한 역사와 위대한 문화유산을 배우기에 옛이야기만큼 좋은 형식도 없기 때문입니다.

　대한민국 국민으로서 알아야 하고 전해야 할 우리 것, 우리 얘기는 아주 많습니다. 그동안 이 시리즈를 통해 많은 어린이가 우리 것을 알게 되고, 우리 얘기를 사랑하게 되었을 것입니다. 시간이 흘러도 역사와 전통문화의 향기는 변하지 않기 때문입니다.

하지만 저희는 그 향기를 담아내는 그릇이 그간 색이 바래고 빛을 잃었다는 사실에 가슴이 아프고 안타까웠습니다. 그래서 책에서 전하는 우리 것의 향기를 오롯이 담아낼 수 있는 새로운 그릇을 찾고자 하였습니다. 그 그릇을 통해 향기가 더욱 그윽해지고 멀리까지 퍼져서 수백 년, 수천 년 전의 우리 것이 오늘날에도 살아 숨 쉴 수 있도록 생명력을 주고자 하였습니다.

이에 몇 가지 원칙을 가지고 『오십 빛깔 우리 것 우리 얘기』 시리즈를 새롭게 출간하게 되었습니다.

◎ 원작이 가지는 옛이야기의 맛과 멋을 그대로 살렸습니다.
◎ 요즘 독자들의 감각에 맞추어 디자인과 그림을 50권 전권 전면 개정하였습니다.
◎ 교과 학습의 길잡이가 될 수 있도록 연계 교과를 표시하였습니다.
◎ 학습정보 코너는 유익함과 재미를 함께 줄 수 있도록 4컷 만화, 생생 인터뷰, 묻고 답하기 등으로 내용을 재구성하였고, 최신 정보와 사진을 수록하였습니다.
◎ 도표, 연표, 역사신문, 체험학습 등으로 권말부록을 풍성하게 꾸며서 관련 교과 학습을 강화하였습니다.

이 책을 처음 읽었을 8살 꼬마 독자는 지금쯤 나라와 민족에 긍지를 가진 25살 자랑스러운 대한민국 청년이 되었을 것입니다. 그 청년이 부모가 되어서도 자녀에게 다시 권할 수 있는 그런 책이 되기를 바라며, 이 시리즈를 오십 빛깔 그릇에 정성껏 담아 내어놓습니다.

주니어중앙

글쓴이의 말

아름다운 독도와 우리 섬

　우리나라는 삼면이 바다로 둘러싸인 반도 국가예요. 그래서 우리나라에는 섬이 참 많지요.

　동해 위에 우뚝 선 독도와 우리나라에서 가장 큰 섬인 제주도, 역사가 살아 숨 쉬는 강화도와 화산 폭발로 생겨난 울릉도 등…….

　이름 없는 섬과 사람이 살지 않는 섬까지 합하면 우리 바다 위에는 정말 헤아릴 수도 없을 만큼 많은 섬들이 있답니다.

　그런데 바다 위에 떠 있는 섬들은 저마다 신비하고 재미있는 이야기를 품고 있어요. 바다 하나, 연못 하나에도 하하하 웃음을 자아내는 이야기와 찔끔 눈물을 맺게 하는 이야기들이 전해 오고 있지요.

　거인 할망이 만들었다는 섬, 제주도 이야기를 알고 있나요?

　완도에 있는 날마다 모양이 변하는 도깨비 섬 이야기는요?

　울릉도에는 효녀가 변했다는 촛대바위도 있고, 보길도에 가면 바위로 변한 삼 형제의 전설을 만나 볼 수 있답니다.

　이 책에는 아름다운 독도를 비롯하여 우리나라 섬들의 이야기가 들

어 있어요.

  또한 이야기와 함께 있는 정보 페이지를 통해 한 곳 한 곳 섬을 여행하면서 각각의 섬들이 가지고 있는 독특한 자연과 문화에 대한 이야기도 들을 수 있답니다.

  제주도에 가면 희귀식물을 만날 수 있고, 강화도에 가면 세계가 알아주는 갯벌을 체험할 수 있을 거예요. 또 한국 전쟁의 아픔이 서려 있는 거제도 포로수용소도 볼 수 있고, 백령도로 가서 천연기념물도 구경할 수 있지요.

  자, 아름다운 우리 섬으로 떠날 준비가 다 되었나요?

  그럼 지금부터 책장을 넘기고 한 곳 한 곳, 소중한 우리의 섬들을 둘러보도록 해요.

어린이의 벗 우리누리

차례

우리 섬을 지켜 낸 독도 수비대 **독도** 12
백두 낭자·한라 도령과 함께 알아보는 **구석구석 섬 이야기**
소중한 우리 땅인 독도 22

제주도를 만든 선문대 할망 **제주도** 24
백두 낭자·한라 도령과 함께 알아보는 **구석구석 섬 이야기**
희귀식물이 있는 한라산 34

연못에서 건진 아기 **강화도** 36
백두 낭자·한라 도령과 함께 알아보는 **구석구석 섬 이야기**
세계가 인정하는 강화도 갯벌 46

죽어서도 어머니를 생각한 딸 **완도** 48
백두 낭자·한라 도령과 함께 알아보는 **구석구석 섬 이야기**
장보고의 우물터가 남아 있는 청해진 58

은혜 갚은 두꺼비 **거제도** 60
백두 낭자·한라 도령과 함께 알아보는 **구석구석 섬 이야기**
민족의 아픈 역사를 간직한 거제도 포로수용소 70

사랑을 이룬 선비 **백령도** 72
백두 낭자·한라 도령과 함께 알아보는 **구석구석 섬 이야기**
천연기념물로 지정된 사곶과 콩돌 바닷가 82

촛대바위가 된 효녀 **울릉도** 84
백두 낭자·한라 도령과 함께 알아보는 **구석구석 섬 이야기**
독특한 특징을 가진 울릉도 투막집과 특산물 94

바위가 된 삼 형제 **보길도** 96
백두 낭자·한라 도령과 함께 알아보는 **구석구석 섬 이야기**
천연 밀림으로 이루어진 예송리 상록수림 106

학익진이 만들어 낸 승리 **한산도** 108
백두 낭자·한라 도령과 함께 알아보는 **구석구석 섬 이야기**
섬 곳곳에 남아 있는 충무공 유적지 118

남편을 기다리다 바위가 된 아내 **안면도** 120
백두 낭자·한라 도령과 함께 알아보는 **구석구석 섬 이야기**
천 년의 역사를 가진 안면송 130

부록 교과가 **튼튼**해지는 우리 것 우리 얘기 132
사연을 간직한 섬 이야기

우리 섬을 지켜 낸 독도 수비대

독도

"더 이상 이대로 보고만 있을 수는 없어요!"

"맞소. 무슨 방법을 찾아봅시다!"

울릉 군청 앞에 모여든 사람들이 저마다 울분을 토해냈어요. 사람들 앞에는 '일본국 시마네 현 다케시마(죽도)'라고 적힌 팻말이 다섯 개나 뒹굴고 있었지요. 그 팻말들은 울릉도에 사는 어민들이 독도에서 뽑아 온 것이었어요.

한국 전쟁 중이었던 1952년 무렵부터 일본인들은 우리 땅 독도에 몰래 들어오고는 했어요. 그리고 독도가 자기네 땅이라고 적은 팻말을 꽂아 놓고는 했지요.

"그깟 팻말 가지고 싸울 필요 없네. 그런 놈들에게는 말이 필요 없어. 행동으로 보여줘야지."

이렇게 말하며 사람들 앞으로 나선 이는 마을에서 가장 나이가 많은 홍재현 할아버지였어요. 할아버지는 마을 사람들에게 존경을 받았어요. 울릉도 토박이인 할아버지는 마을에 큰일이 있을 때마다 앞장서서 일을 처리해 주시곤 하셨거든요.

"동도나 서도 꼭대기에 올라가서 바위에 큼지막하게 한국 땅이라고 새기게. 멀리 바다 위에서도 한눈에 우리 땅이라는 것이 잘 보이도록 말일세."

그 길로 청년들은 정과 끌 같은 연장을 가지고 독도로 갔어요. 그러고는 동도 꼭대기의 바위에 '한국령'이라고 큼직하게 새겨 넣었어요. 하지만 일본인들은 그 뒤로도 계속 독도를 탐냈어요.

그러던 어느 날이었어요.

"할아버지, 제가 독도 수비대를 모으려고 합니다."

당시 103세였던 홍재현 할아버지에게 손자인 홍순칠이 말했어요. 홍순칠은 독도에 대한 할아버지의 사랑을 잘 알고 있었거든요.

"그래? 훌륭한 생각이다. 우리 땅은 우리 손으로 지켜야지!"

할아버지는 손자의 생각에 적극 찬성해 주었어요. 그리고 무기를 사는 데 필요한 돈도 마련해 주었어요.

1953년 4월 26일 아침, 드디어 독도 수비대가 울릉도의 도동 선착장 앞에 모였어요. 홍순칠 대장을 비롯한 33명의 수비 대원들이 정식으로 발대식을 갖는 날이었어요.

"자네, 그 허리에 찬 게 뭔가?"

"이거? 된장 단지라네.

독도에 들어가면 언제 나올지 모르는데 이것만은 꼭 챙겨야지. 된장 없이 밥을 먹을 수는 없으니 말일세. 그런데 자넨 머리에 무엇을 쓴 건가?"

"보면 모르나? 양재기라네. 철모를 구할 수가 없어서 말이지."

독도를 지키려고 모인 독도 수비 대원들의 모습은 조금 우스꽝스러웠어요. 된장 단지, 고추장 단지를 허리에 찬 사람이 있는가 하면 철모 대신 양재기를 쓴 사람도 있고, 준비한 무기도 모두 제각각이었지요. 하지만 수비 대원들의 눈빛만큼은 날카롭게 빛났어요. 모두들 우리 땅 독도를 일본 놈들에게 빼앗길 수 없다는 단단한 각오와 결의로 똘똘 뭉쳐 있었거든요.

독도에 도착한 홍순칠 대장은 맨 먼저 국기 게양대를 만들었어요. 아침과 저녁으로 태극기를 올렸다 내리려면 국기 게양대가 있어야 했거든요.

처음 며칠은 하루하루가 무척 바쁘게 지나갔어요. 대원들이 지낼 막사를 짓고 수비대 본부도 세워야 했거든요.

"이곳이 좋겠어."

홍순칠 대장이 동도 정상에 올라 주위를 둘러보며 말했어요. 동도의 정상에는 넓지는 않았지만 평지가 있었어요. 수비대는 그곳

에 본부를 세우고 무기를 설치했어요.

"어때? 그럴싸해 보이지?"

"우와! 진짜 대포 같아."

커다란 대포를 둘러싸고 모인 대원들은 모두들 감탄사를 내뱉었어요. 사실 그것은 나무를 깎아 만든 가짜 대포였어요. 하지만 진짜 대포와 똑같이 칠을 해서 진짜보다 더 진짜처럼 보였어요.

"이게 가짜 대포라는 건 절대 비밀이다."

홍순칠 대장이 대원들에게 말했어요.

독도에서의 생활은 쉽지 않았어요. 식량은 금방 동이 나서 대원들은 갈매기와 물개를 잡아먹으며 가파른 절벽을 넘나들어 물을 구해야 했어요.

그러던 어느 날이었어요.

"대장님! 일장기를 단 배가 이쪽으로 오고 있습니다."

"그래? 대원들을 모두 집합시켜라!"

홍순칠 대장은 드디어 일본 놈들을 혼내 줄 수 있는 기회가 왔다고 생각했어요.

"내가 먼저 총을 쏠 테니 너희들은 숨어 있다가 집중사격해라!"

홍순칠 대장은 선착장에 배를 대는 일본 함정에 다가갔어요.

"표류한 사람이오?"

일본 선원이 물었어요. 하지만 홍순칠 대장은 아무 대답도 하지 않았어요. 그러고는 발밑에 숨겨 둔 총을 꺼내 갑판에 대고 마구 쏘았어요. 그러자 곳곳에서 일본 함정으로 총알이 날아들었어요.

"으악! 도망가자!"

공포에 떨며 일본으로 돌아간 일본 함정은 이 사실을 일본 정부에 알렸어요. 그러자 일본 정부는 우리나라에 항의를 해 왔어요.

"내 나라를 내가 지키겠다는데 뭐가 잘못됐다는 거냐? 누구든 허락 없이 독도를 침범하는 자는 가만두지 않겠다!"

홍순칠 대장은 자신의 뜻을 더욱 굳게 다졌어요.

며칠 뒤, 일본 배 한 척이 다시 독도 쪽으로 왔어요. 그 배에는 일본 수산 학교 학생들이 타고 있었어요.

"너희가 경찰이나 해군이 아니니 모두 살려 보낸다. 하지만 너희 나라에 돌아가서 똑똑히 알려라. 독도는 대한민국 땅이니 다시는 얼씬거리지 말라고 말이다."

그 뒤, 일본 배들은 멀리서 독도 주위를 빙빙 돌다가 되돌아가고는 했어요. 또한 일본 잡지에는 '독도에 무시무시한 대포가 설치되어 있으니 접근하지 말라.'는 기사가 실리기도 했지요.

하지만 독도에서의 생활은 만만치 않았어요. 겨울이면 눈보라가 며칠씩 계속됐고 먹을 것도 항상 부족했거든요. 그러나 독도를 지키겠다는 홍순칠 대장과 대원들의 의지는 변함이 없었어요.

그러던 어느 날, 1954년 11월 4일 새벽이었어요.

"대장님! 일본 함정 세 척이 나타났습니다."

경비를 서던 대원이 급하게 달려와 말했어요. 홍순칠 대장은 급히 경비 초소로 올라갔어요. 멀지 않은 곳에서 일본 함정 세 척이 아주 빠른 속도로 독도에 다가오고 있었어요.

"대장님! 지금 쏠까요?"

대원 중에 한 사람이 박격포를 어깨에 메고 물었어요.
"좋아! 바로 지금이다!"
"슝!"
멀리 날아간 박격포는 일본 함정을 정확하게 맞혔어요. 배는 순식간에 화염에 휩싸였지요. 수비 대원들은 바위에 몸을 숨기고

기관총을 쏘아 댔어요. 얼마 지나지 않아 불에 탄 함정이 가라앉기 시작하자, 다른 함정들은 뱃머리를 돌려 달아났어요.

그 뒤로도 일본 경비선은 자주 독도를 넘봤어요. 그때마다 홍순칠 대장과 독도 수비 대원들은 용감하게 싸워서 모두 물리쳤지요. 독도 수비대는 이렇듯 용감하게 독도를 지키다가 1956년 3월에 독도 수비권을 경찰에 넘겨주었답니다.

백두 낭자·한라 도령과 함께 알아보는 구석구석 섬 이야기

소중한 우리 땅인 독도

'울릉도 동남쪽 뱃길 따라 이백 리, 외로운 섬 하나 새들의 고향……' 우리나라 국민이라면 한 번쯤 들어 봤을 노래지요. 독도가 우리 땅인 것은 오랜 역사가 증명해 주는 명백한 사실인데 왜 우리는 이렇게 당연한 사실을 노래로 만들어 '독도는 우리 땅!'이라고 외쳤을까요?

그것은 바로 이웃 나라 일본이 항상 얼토당토않은 억지를 부리며 우리 땅인 독도를 탐냈기 때문이에요. 독도가 우리 땅이라는 역사 기록은 지금으로부터 약 1500년 전, 신라 지증왕 13년인 512년으로 거슬러 올라가요. 그 전인 삼국 시대 전까지 독도는 울릉도와 함께 우산국이라는 부족 국가였어요. 그러다가 신라의 장군 이사부가 우산국을 정벌해서 신라 땅이 되었지요. 그 후 독도는 명백한 우리나라 영토로 이어져 왔어요. 하지만 일본은 틈만 나면 우리

독도 수비대가 새겨 놓은 '한국령'이라는 표시예요.

땅 독도를 침범해 마음대로 물고기를 잡아 갔어요.

그래서 동래 어부 안용복은 1693년과 1696년에 걸쳐 두 번이나 일본으로 건너갔어요. 그러고는 독도가 우리 조선의 땅이며 허락 없이 고기를 잡지 않겠다는 문서를 받아 오기도 했지요.

그런데 1905년부터 일본 정부는 독도를 마음대로 자신들의 영토라 정하고 지금까지 터무니없는 주장을 하고 있어요. 심지어 교과서에도 독도 내용을 넣어서 독도가 자기네 땅이라고 우기고 있지요.

그래서 우리나라에서도 독도가 우리 땅임을 알리기 위해서 노력을 하는 사람들이 생겨나게 되었답니다.

가수 김장훈씨는 독도를 세계에 알리기 위해 독도 페스티벌을 열고 많은 홍보를 하고 있어요. 또한 2009년에 만들어진 '독도레이서'도 많은 홍보를 하고 있지요. 세계 18개국 30개 도시를 방문해 길거리 공연, 한글학교 방문, 2세 독도교육, 월드컵, 국제마라톤 등의 축제를 통해 독도 홍보 활동을 하고 있으니 정말 대단하지요? 뿐만 아니라 한국의 사이버 외교사절단인 반크를 통해서도 세계에 독도를 바로 알리고자 하는 움직임이 계속 되고 있답니다.

독도는 소중한 우리 땅이에요. 단순히 독도가 지닌 가치 때문만이 아니라, 독도가 우리 땅이기에 아끼고 사랑해야 해요. 그리고 우리 후세에게 명백한 우리 땅으로 물려주어야 한답니다.

작지만 큰 섬인 독도는 동도와 서도로 나누어져 있어요.

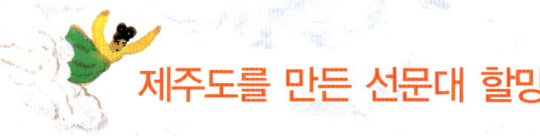

제주도를 만든 선문대 할망

제주도

아주 먼 옛날, 하늘나라에 선문대 할망이 살고 있었어요. 할망은 옥황상제의 딸이었는데 매일 똑같은 생활이 지루하고 재미없었어요. 그래서 옥황상제 몰래 바깥세상을 내다보았어요.

"저런! 하늘이랑 땅이 딱 붙어 버렸네? 저긴 얼마나 답답할까? 쯧쯧……."

할망은 하늘과 땅을 둘로 나누어야겠다고 생각했어요. 할망은 키도 크고 힘도 무척 셌거든요.

"으라차차……."

할망이 있는 힘을 다해서 한 손으로 하늘을 받치고 다른 한 손으로는 땅을 눌렀더니, 정말 하늘과 땅이 둘로 나누어졌어요.

"이제 됐다. 훤한 게 아주 보기 좋은걸?"

할망은 땅에 있는 흙을 치마폭에 가득 담았어요. 그런데 할망의 치마에 난 구멍 때문에 흙덩이들이 바다로 주르르 흘러내렸어요.

"아이고!"

쏟아진 큰 흙덩이는 바다 위 섬이 되었어요. 그 섬이 바로 제주도예요. 섬 가운데에 꽤 높게 쌓인 흙은 한라산이 되었고요.

또한 섬 여기저기에 떨어져 쌓인 흙은 오름이 되었고, 바다 위에 떨어진 작은 흙덩이는 작은 섬들이 되었어요.

"후후, 정말 예쁜 섬이 되었구나."

할망은 새로 생겨난 섬이 아주 마음에 들었어요.

"아함~! 졸립다. 잠시 쉬었다 갈까?"

할망은 섬에서 가장 높은 한라산을 베고 드러누워 발을 바다 속에 있는 작은 섬에 올려놓았어요. 그 섬이 바로 추자도예요. 섬을 만드느라 피곤했는지 할망은 곧 깊은 잠에 빠져 들었어요.

"드르렁, 드르렁."

할망이 코를 골자 섬이 들썩거리고 파도가 출렁거렸어요. 또 할

망이 몸을 뒤척이자 섬 전체가 흔들렸어요.

　몇 시간이 지난 후, 잠에서 깨어난 할망은 무척 배가 고팠어요. 그래서 바다 속으로 들어가 두 손으로 물을 떠서 마셨어요. 바닷물 속에 있던 온갖 물고기들도 할망의 입 속으로 들어갔어요.

　"으……, 시원하다."

　할망은 배가 부를 때까지 물과 물고기를 실컷 먹었어요. 그런데

차가운 바닷물을 너무 많이 마셨는지 슬슬 배가 아파 왔어요.

할망은 자리를 잡고 앉아 아랫배에 힘을 주었어요.

"쏴아아아."

할망이 오줌을 누자 세찬 오줌 줄기에 섬의 한쪽 귀퉁이가 잘려 나가 버렸어요. 잘린 땅덩어리는 오줌 줄기를 타고 떠내려가다가 멀지 않은 바다 위에 멈추었어요. 그 섬이 바로 우도이지요.

할망은 똥도 누었어요. 똥은 작은 언덕이 되었어요.
"아이고, 시원하다."
할망은 자기가 눈 똥을 피해 자리를 옮긴 뒤, 속옷을 벗어 빨래를 하기 시작했어요.
"어디 보자. 빨랫방망이가 하나 있으면 좋겠는데……."
할망은 옆에 있던 나무를 뽑아 방망이를 만들었어요.
그때였어요. 할망이 어찌나 세게 방망이질을 했던지 방망이가 그만 '휙!' 하고 날아가 버렸어요.

날아간 방망이는 한라산 윗부분에 떨어졌어요. 그 바람에 한라산 윗둥이 잘려 나가고 말았어요. 그렇게 잘려 날아간 한라산의 윗등은 제주도의 산방산이 되었지요.

　　"이런! 산꼭대기가 뭉툭해져 버렸네."

　　할망은 빨래를 가지고 바닷가로 갔어요. 그러고는 한라산 꼭대기를 손으로 잡고 빨래를 바닷물에 넣어 발로 밟아 빨았어요.

　　이렇게 할망이 제주도에서 지낸 지 며칠이 지난 어느 날이었어요.

　　할망은 입고 있던 속옷이 해지자 새 속옷이 필요했어요. 그래서 제주도에 사는 사람들을 불러 도와 달라고 말했어요.

　　"내게 새 속옷을 하나 만들어 주면 안 되겠소?"

　　"속옷이요?"

　　제주도 사람들은 깜짝 놀랐어요. 할망의 몸은 너무 커서 속옷을 만들려면 천이 엄청나게 많이 필요하거든요.

　　제주도 사람들은 모두 고개를 설레설레 흔들었어요. 그러자 할망은 사람들에게 한 가지 제안을 했어요.

　　"제주도가 육지와 떨어져 있어서 불편하지 않소?"

　　"그야 물론 불편하지요."

　　"그렇다면 내가 육지와 제주도를 잇는 다리를 놓아 줄까?"

할망의 말에 사람들은 모두 좋아했어요.

"내 속옷을 만들어 주면 내가 놓아 주도록 하지."

"좋아요. 한번 만들어 보지요."

그때부터 제주도 사람들은 명주를 열심히 모았어요. 할망은 바다로 나가 다리를 만들기 시작했고요. 그런데 섬에 있는 명주를 다 모아도 할망의 속옷을 만들 수 있을 만큼 충분하지 않았어요. 결국 할망의 속옷은 명주가 모자라 다 만들지 못했어요.

"뭐? 속옷을 못 만든다고?"

할망은 그 말을 듣자마자 육지로 다리를 놓던 일을 그만두어 버렸어요. 모슬포 앞바다에 가면 육지로 뻗은 듯한 모양의 바위가 하나 있는데요. 그 바위가 바로 할망이 놓다 만 다리랍니다.

새 속옷을 얻어 입지 못해 실망한 할망은 날마다 연거푸 한숨을 쉬었어요. 그럴 때마다 제주에는 큰 바람과 거센 파도가 일었어요.

사람들은 그런 할망 때문에 자주 깜짝깜짝 놀랐어요.

"할망 때문에 여간 불편한 게 아니야."

"날마다 한숨을 쉬니 불안해서 살 수가 없다니까요."

제주도 사람들은 꾀를 내어 할망을 골려 주기로 했어요.

"할망! 할망의 키가 아무리 커도 못 들어가는 연못이 있지?"

"무슨 소리! 이 세상에 내 키보다 더 큰 연못은 없어!"
할망은 큰 소리를 쳤어요.
"그래요? 그럼, 어디 저 연못에 한번 들어가 보겠소?"
사람들의 말에 할망은 사람들이 가리키는 연못에 들어갔어요.
"봐, 여긴 내 무릎까지 밖에 안 차지?"
"어? 정말 그렇네? 그럼 물장오리 연못에 한번 들어가 보겠소? 거긴 깊어서 할망이 못 들어갈지도 모르겠군."

사람들이 부추기자, 할망은 물장오리 연못 속으로 들어갔어요.

한 발, 두 발, ……. 처음엔 할망의 허리까지 차던 물이 가슴까지 차오르더니 곧 할망의 머리가 물속으로 사라졌어요.

"아, 큰일이다! 할망이 안 보이네?"

"할망! 할망!"

사람들이 할망을 애타게 불렀지만 할망은 다시는 연못 밖으로 나오지 않았답니다.

백두 낭자·한라 도령과 함께 알아보는 구석구석 섬 이야기

희귀식물이 있는 한라산

2003년 1월, 유네스코에서는 우리나라의 한라산을 포함한 제주도를 '생물권 보전지역'으로 정했대요. 이렇듯 세계가 인정하고 있는 한라산에는 우리가 보호해주어야 할 희귀식물들이 많이 살고 있다는데요. 한라산에 있는 희귀식물에는 어떤 것들이 있는지 알고 싶어요.

'돌매화나무, 가시딸기, 으름난초, 고란초, 세바람꽃, 한라돌쩌귀…….'

이런 식물들의 이름을 들어본 적이 있나요? 이렇게 예쁜 이름을 가진 식물들이 바로 제주도 한라산 어귀에 옹기종기 모여 자라고 있는 희귀식물들이에요.

돌매화나무(암매)는 세계에서 가장 키가 작은 나무로 유명해요. 다 자랐을 때의 키가 겨우 15센티미터 밖에 되지 않지요. 우리나라에서는 오직 한라산에서

한라산에서만 자라는 돌매화나무는 세상에서 가장 키가 작은 나무랍니다.

이름에 '초'가 있어서 난초 종류인줄 알았는데, 아니었네?!

만 자라는데 그 수가 많지 않아 지금은 환경부에서 지정한 '멸종위기 식물'로 보호받고 있답니다.

또한 으름난초는 썩은 균사에 기생하는 식물로 엽록소가 없어요. 뿌리가 옆으로 길게 뻗어 자라는데 뿌리 속에 아르밀라리아라고 하는 버섯의 균사가 들어 있대요. 열매는 긴 타원형으로 으름같이 생겨서 으름초라고 하는데, 잘 말린 후 달여서 차처럼 마시면 강장제 및 강정제로 효과가 뛰어나다고 해요. 또한 뿌리는 폐병에 효과가 있대요. 돌매화나무와 마찬가지로 멸종위기 식물로 지정되어 보호받고 있답니다.

습한 곳에서 자라며, 가는 가지 끝에 한 송이씩 새하얀 꽃이 피는 가시딸기는 이 꽃이 지고 나면 새빨간 열매가 나지요. 이름이 가시딸기여서 가시가 많을 것 같지만 실제로는 가시가 없답니다.

가시딸기열매와 꽃이에요.

연못에서 건진 아기

강화도

강화도는 우리나라에서 네 번째로 큰 섬이에요.

단군이 제사를 지냈다는 마니산의 참성단, 단군의 세 아들이 쌓았다는 삼랑성, 고려 시대 궁궐터와 궁궐을 둘러쌌던 강화 산성, 고구려 소수림왕 때 지어진 강화에서 가장 큰 절인 전등사 등 섬 곳곳에서 오천 년 우리 역사의 흔적을 찾아볼 수 있어요.

부근리에 있는 청동기 시대의 고인돌은 세계 문화유산으로 지정되어 보호를 받고 있지요. 또한 하점면에 가면 보물로 지정된 5층 석탑을 볼 수 있는데요. 이 하점면 5층 석탑은 강화도에서 하나 뿐인 고려 시대의 탑이에요. 보물 제10호로 지정되어 있는데, 이 석탑에는 신기한 전설이 전해 오고 있답니다.

옛날 옛적, 강화도 하점 마을에 작은 연못이 하나 있었어요. 마을 사람들은 이 연못의 물을 길어다 먹고는 했지요.

하루는 마을에 사는 할머니 한 분이 연못으로 물을 길으러 나왔어요. 물을 다 길은 할머니가 연못가에 앉아 잠시 쉬고 있을 때였어요. 그런데 어디선가 아기 울음소리가 들려왔어요.

"응애, 응애……."

"이상하다. 이게 무슨 소리지?"

할머니는 소리가 나는 쪽으로 귀를 기울였어요. 울음소리는 연

못 가운데에서 들려왔어요.

"웬 아기 울음소리가 들리는 것 같았는데……."

그때였어요. 연못 가운데에서 갑자기 뿌연 안개가 피어올랐어요. 그러더니 하늘에 구름이 잔뜩 끼고, 커다란 천둥소리가 들려왔지요.

"콰콰쾅!"

"아이고, 깜짝이야!"

깜짝 놀란 할머니가 눈을 질끈 감았다가 뜨자, 이상한 일이 벌어졌어요.

연못 한가운데에서 옥으로 만든 상자가 하나 떠올랐거든요.

"아니! 저, 저게 뭐지?"

옥으로 된 상자는 천천히 할머니가 있는 연못가로 흘러왔어요. 상자가 손에 닿을 만큼 가까이오자, 할머니는 얼른 상자를 건졌어요. 그러고는 뚜껑을 열어 보았어요.

"어머나, 이게 웬일이야!"

상자 안에는 아기가 들어 있었어요.

"오호! 네가 아까 그 울음소리를 낸 아이로구나?"

비단옷에 싸여 울던 아기는 할머니를 보자 방긋 웃었어요. 할머니는 조심스럽게 아기를 안아 집으로 데려왔어요.

할머니는 며칠 동안 아기를 정성껏 돌보았어요. 홀로 외롭게 지내던 할머니는 아기를 돌보는 일이 즐겁고 행복했어요. 하지만 마음속에 걸리는 게 한 가지 있었어요.

'분명 이 아기는 보통 아기가 아닐 게야.'

할머니는 아기를 키우고 싶었지만 아기를 얻게 된 일이 예삿일이 아니라 걱정이 되었어요.

'아무래도 안 되겠다. 아기를 임금님께 보여 드리자.'

할머니는 아기를 임금님께 데려가기로 마음먹었어요. 그래서 아기를 업고 임금님이 계시는 궁궐로 찾아갔어요.

할머니는 배를 타고 바다를 건너서 먼 길을 걸어 임금님이 사시는 궁궐에 도착했어요. 그러고는 임금님과 신하들 앞에서 어떻게 이 아기를 얻게 되었는지 이야기했어요.

"아무래도 이 아기는 보통 아기가 아닌 것 같습니다. 그러니 이

궁궐에서 자라게 해 주십시오."

임금님과 신하들은 할머니의 말을 믿고 아기를 받아들였어요. 그때부터 아기는 궁궐에서 자라게 되었지요.

"지금부터 이 아기를 '우'라고 부르도록 해라."

임금님은 아기를 위해 직접 이름을 지어 주었어요. '우(祐)'는 도울 '우' 자로 이다음에 자라서 나라의 훌륭한 일꾼이 되라는 뜻이 담겨 있었어요. 우는 많은 사람들의 사랑을 받으며 무럭무럭

자라났어요.

우가 세 살이 되던 어느 날의 일이었어요.

"하늘 천, 따 지, 검을 현, 누를 황……."

우가 《천자문》을 펴놓고 글을 술술 읽고 있었어요.

"앗, 이게 웬일이야?"

우를 돌보던 사람들은 깜짝 놀랐어요.

"겨우 세 살밖에 되지 않은 아이가 《천자문》을 거침없이 읽다니! 역시 보통 아이가 아닌가 보군."

정말 믿을 수 없는 일이었지요. 이렇게 우는 어려서부터 남달리 똑똑했어요.

또한 우는 열 살이 되던 해에 과거 시험을 보아 장원 급제를 했어요. 장원 급제를 해서 벼슬자리에 오른 우는 백성들을 잘 돌보았어요. 정승이 된 우는 많은 백성에게 더욱 존경을 받았지요. 임금님도 다른 신하들보다 우 정승을 특별히 아껴 주었어요.

'음, 우 정승에게 성이 없으니…….'

평소 우 정승에게 성이 없는 것을 안타깝게 생각한 임금님은 우 정승에게 성을 내려 주기로 했어요.

"내가 우 정승에게 성을 내리노라. 앞으로 우 정승은 '받들 봉'

자를 써서 봉이라는 성을 쓰도록 하라!"

그날부터 우 정승은 '봉'씨 성을 써서 '봉우'라는 정식 이름이 생겼어요.

봉우 정승은 나랏일에 더욱 최선을 다했어요. 언제나 백성들 편에 서서 백성들의 살림살이가 더욱 좋아지도록 애를 썼고, 임금님도 잘 모셨지요.

"벼슬하는 분들이 모두 봉 정승님만 같으면 얼마나 좋을까."

"그러게 말일세. 정승님 덕분에 살기가 한결 편해졌어."

세월이 흘러 나이가 많이 든 봉우 정승은 관직에서 물러났어요. 그리고 고향으로 돌아와 백성들에게 존경을 받으며 남은 생을 보냈지요.

봉우 정승이 세상을 떠나고 그 후손들 중에서도 몇 대가 지난 어느 해의 일이었어요.

봉우 정승의 5대 손 중에 봉천우라는 사람이 있었어요. 그는 어려서부터 부모님에게 봉우 정승 할아버지에 대한 이야기를 듣고 자랐어요. 어려서부터 남달리 총명했던 봉천우 역시 높은 벼슬자리에 올랐지요.

어느 날, 봉천우는 이런 생각을 하게 되었어요.

'오늘날 우리 집안이 있게 된 것은 임금님의 은혜 덕분이야. 하지만 무엇보다도 우리 조상을 연못에서 건져 살리신 그 할머님의 은혜를 잊어선 안 될 듯해.'

봉천우는 할머니의 은혜에 보답해야겠다고 생각했어요. 그래서 봉은사라는 절을 짓기 시작했어요. 할머니의 고마우신 마음에 보답하려고 오랫동안 공을 들여 탑을 쌓았지요. 그렇게 해서 만들어진 탑이 바로 강화도 하점면에 있는 5층 석탑이랍니다.

또한 봉천우는 하늘에 제사를 지내는 봉천대도 만들었어요. 그래서 강화도 하점면에는 봉은사 절터, 5층 석탑, 봉천대 등 봉씨 시조와 관련된 유적이 많이 있답니다.

백두 낭자·한라 도령과 함께 알아보는 구석구석 섬 이야기

세계가 인정하는 강화도 갯벌

밀물과 썰물의 차가 크고, 한강과 임진강, 예성강 등에서 흘러 들어오는 흙의 양도 많아 갯벌이 잘 발달되어 있는 우리나라의 서해안. 특히 강화도는 남서쪽 해안을 따라 갯벌이 넓게 펼쳐져 있어 '갯벌 생물의 천국'이라고 불린대요. 이 강화도 갯벌에 대해 자세히 알고 싶어요.

강화도의 갯벌은 인천 연안에서 자연 그대로 남아 있는 유일한 갯벌이에요. 초지리-선두리-동막리-여차리에 걸쳐 넓게 발달되어 있지요.

초지리는 고려 시대 때 몽고군에 맞서 싸운 성터가 남아 있어요. 초지리 갯벌은 게들이 많이 사는 곳으로 유명해요. 칠게, 콩게 등이 많이 살고 있지요.

또한 선두리 갯벌에도 칠게, 콩게 등 게류가 많이 살고 있어요. 갯벌 상부에는 먹이를 얻기 위해 철새들이 종종 찾아오지요. 중하부에는 민챙이, 서해비단고둥, 갯지렁이, 가시닻해삼 등이 많이 살고 있답니다.

강화도 갯벌은 갯벌 생물들이 살아가는 천국이랍니다!

칠게는 갯벌 속의 유기물을 먹고 산답니다~!

동막리 해수욕장으로 유명한 동막 갯벌은 발이 거의 빠지지 않는 모래 갯벌이에요. 칠게, 통게, 계화도 조개, 서해비단 고둥, 갯지렁이 등이 잘 잡히지요.

마지막으로 동막리에서 고개 하나를 넘으면 여차리 갯벌이 있는데요. 이곳 역시 칠게, 콩게, 밤게, 길게, 민챙이, 서해비단고둥 등이 유명하답니다.

또한 강화도 갯벌은 세계적으로 유명한 철새 도래지예요. 많은 종류의 물떼새, 도요새, 두루미와 함께 멸종 위기에 놓인 저어새도 찾아오지요.

천연기념물 205호로 지정된 저어새는 무척 특이하게 생겼어요. 숟가락처럼 생긴 부리는 참 재미있지요. 4월이 되면 강화도를 찾아와 새끼를 낳고, 11월이 되면 겨울을 나려고 다른 나라로 날아가요. 세계적으로 1,000여 마리밖에 남아 있지 않아서 특별히 보호받는 새랍니다.

만약 강화도 갯벌에서 저어새를 만나면 커다란 소리를 내거나 물건을 던져서는 절대 안 돼요. 새들이 위험을 느끼지 않을 정도로 알맞은 거리를 유지하고 조용히 관찰해야 한답니다.

부리가 숟가락처럼 생긴 저어새는 세계적인 희귀 새예요.

죽어서도 어머니를 생각한 딸

완도

완도는 전라남도 완도군 완도읍에 딸린 섬으로 한반도의 남쪽 바다 위에 있어요.

완도는 '생각만 해도 웃음이 절로 나는 섬'이라고 해요. 섬 이름인 '완도'는 빙그레 웃을 '완(莞)'자와 섬 '도(島)'자가 합쳐진 것이거든요. 완도가 고향인 사람들이 고향을 생각할 때면 마음이 포근해져서 웃음이 절로 난다고 하니 정말 잘 어울리는 이름이지요.

완도에도 다른 섬들과 마찬가지로 산과 바위에 얽힌 전설이 많이 전해 내려와요. 그중에서도 화흥리라는 마을에 전해지는 이야기는 조금은 으스스한 이야기랍니다.

옛날 옛적, 화흥리에는 홀어머니와 딸이 단둘이 사는 집이 있었어요. 딸은 홀로 된 어머니를 모시느라 시집갈 때를 놓쳐버린, 제법 나이가 많이 든 노처녀였지요.

마을 사람들은 시집도 못 간 그 처녀를 늘 안쓰럽게 생각했어요. 하지만 처녀는 어머니를 잘 모시는 것이 가장 중요하다고 생각했어요.

"어머니, 뭐 드시고 싶으신 거 없으세요?"

처녀는 조개가 가득 담긴 바구니를 머리에 이며 물었어요.

"괜찮다. 내 걱정은 말고 조심해서 다녀오렴."

처녀는 갯벌에서 조개와 낙지를 잡아다가 팔았어요. 그리고 그 돈으로 늘 어머니가 필요한 물건과 어머니가 드시고 싶어 하는 음식을 사다 드렸지요.

그러던 어느 날이었어요.

"어머니, 바닷가에 나갔다가 올게요."

"그래, 조심하렴."

그날도 어머니는 조개를 잡으러 가는 딸을 배웅해 주었어요.

처녀가 바닷가에 도착했을 때, 이미 물은 멀리 빠져나간 뒤였어요. 그런데 이상하게도 넓게 드러난 갯벌에는 그날따라 아무도 보이지 않았어요.

"아, 모두들 논밭으로 일하러 나간 모양이구나."

그때는 한창 농사일이 바쁜 철이었어요.

마을 사람들은 대부분 자그마한 논이나 밭을 가꾸며 살았어요. 가난한 처녀네 집만 논도 밭도 없었던 거예요.

"오늘은 조개를 좀 많이 캐서 가야겠다."

처녀는 바구니를 어깨에 메고 갯벌로 들어갔어요. 그리고는 한참 동안 쪼그려 앉아서 조개를 캤어요.

얼마나 지났을까? 한참 뒤, 처녀의 바구니에는 제법 많은 조개가 들어 있었어요.

"휴, 허리야!"

처녀는 이마에 흐르는 땀을 닦으며 허리를 폈어요.

"어머! 날이 벌써 어두워지고 있네?"

고개를 숙이고 조개만 캐느라 처녀는 시간이 흐른 것도 몰랐던 거예요. 어느새 해는 서쪽으로 뉘엿뉘엿 지고 있었어요.

'안 되겠다. 그만 나가야지.'

처녀는 바구니를 밀며 뭍으로 나가려고 했어요. 그런데 그때 갑자기 강한 바람과 함께 비가 쏟아지기 시작했어요.

"쏴아아아!"

처녀는 있는 힘을 다해서 몸을 움직였어요. 하지만 이미 무릎까지 빠져버린 갯벌에서 한 걸음 한 걸음 발을 떼기란 여간 어려운 것이 아니었어요. 그런데다가 처녀는 이미 바다 쪽으로 너무 깊이 들어와 있었어요.

"아, 큰일 났다!"

처녀의 뒤에서는 서서히 바닷물이 들어오고 있었어요.

"도와주세요! 누가 좀 도와주세요!"

처녀는 있는 힘껏 외쳤어요. 하지만 어두워져 가는 바닷가에는 아무도 보이지 않았어요. 게다가 소나기 소리에 처녀의 외침은 금세 묻혀 버렸어요.

처녀가 빠져나가려고 하면 할수록 갯벌은 처녀의 다리를 꼭 붙잡고 놓아주지 않았어요.

'내가 죽으면 우리 어머니는 누가 모시지?'

처녀의 머릿속에 백발이 된 어머니의 얼굴이 스쳐 지나갔어요.

"안 돼! 어서 나가야 해!"

이런 생각을 하는 동안 처녀의 등 뒤로 물이 들어왔어요.

"어머니! 어머니!"

처녀가 이렇게 외치며 힘을 내려 애썼지만 아무런 소용이 없

었어요. 밀물은 금세 처녀의 허리까지 차오르더니 이내 처녀를 삼켜 버렸어요.

한편, 딸을 기다리던 어머니는 불안한 마음이 들었어요. 해는 이미 졌고 비바람이 거세게 몰아치고 있는데도 딸은 돌아오지 않았으니까요.

"아이고, 얘한테 무슨 일이 생긴 게 틀림없어."

어머니는 더 이상 가만히 앉아 있을 수가 없었어요. 그래서 이웃집을 찾아가 사람들에게 도움을 청했어요.

"할머님! 걱정 마세요. 저희가 찾아볼게요."

마을 사람들은 처녀의 어머니를 안심시켰어요. 그러고는 모두

횃불을 하나씩 들고 바닷가로 갔어요.

밀물 때가 한참 지난 바다에는 이미 물이 다 들어와 있었어요. 마을 사람들은 처녀의 이름을 부르며 바닷가를 샅샅이 뒤졌어요. 하지만 어디에서도 처녀의 모습을 찾을 수가 없었지요.

"무슨 사고가 난 게 분명해요."

"그러게. 조개를 잡으러 갔다면 혹시……."

그런데 바로 그때였어요. 사람들이 먼 바다를 바라보며 걱정을 하고 있을 때, 정말 신기한 일이 일어났어요.

갑자기 거세던 바람이 멎고 쏟아지던 비가 뚝 그쳤어요. 그러더니 곧 바다 위로 환한 빛이 떠올랐어요.

"저, 저기 좀 봐요."

누군가 손가락으로 바다 쪽을 가리켰어요.

"아, 아니? 세상에나……."

사람들이 바라본 곳에는 큰 길이 나 있었어요. 바다 위로 생겨난 넓은 길이 멀리 보이는 어떤 섬에까지 이어져 있었어요. 그런데 더욱 신기한 일은 사람들이 그렇게 찾아다녔던 처녀가 어디에선가 홀연히 나타났다는 거예요.

처녀는 사람들 가운데에서 어머니를 찾더니 어머니의 손을 꼭

잡고 새로 난 길로 이끌었어요.

"어머니, 저랑 같이 가세요."

"얘, 애야! 살아 있었구나."

어머니는 무척 반가워하며 딸을 따라나섰어요. 바다 위로 생겨난 길을 따라 걷던 두 사람은 이내 사라져 버렸어요. 그러자 곧 환한 빛도 사라지고 주위는 다시 어두워졌어요.

"쏴아아아."

또다시 비바람이 몰아치기 시작했어요. 마을 사람들은 무언가에 홀린 듯한 기분이었어요.

"으으, 무서워."

"얼른 마을로 돌아갑시다!"

사람들은 잔뜩 겁에 질려 마을로 돌아왔어요.

다음 날 아침, 바닷가에 모인 마을 사람들은 깜짝 놀랐어요.

어젯밤에 신기한 빛이 비쳤던 바다 위에 웬 섬이 하나 새로 생겨난 거였어요. 그 섬은 예전에는 분명히 보이지 않았던 섬이었지요.

"도, 도깨비 섬이 분명해."

"아이고, 무서워라!"

그 뒤로 그 섬은 마을 사람들에게 자꾸만 다르게 보였어요. 비가 오려고 하면 섬이 가마로 보이면서 시집가는 신부의 울음소리가 들려왔어요. 또 어떤 때는 커다란 배로 변해서 연기를 뿜으며 지나가기도 했지요.

지금도 화흥리 사람들은 아침에 일어나자마자 섬을 바라보며 그날의 날씨를 점친다고 해요. 그리고 자꾸만 모양을 바꾸는 그 섬을 '도깨비섬'이라 부르게 되었답니다.

백두 낭자·한라 도령과 함께 알아보는 구석구석 섬 이야기

장보고의 우물터가 남아 있는 청해진

 통일신라 흥덕왕 때 장보고는 지금의 완도에 청해진을 설치해 해적들을 소탕하고 삼해의 해상권을 장악하는 데 큰 공헌을 했다고 들었어요. 청해진이 무엇인가요? 자세히 알고 싶어요.

    장보고는 어린 나이에 당 나라에 건너가 무령군의 소장이 되었어요. 하지만 해적에 의해 당에 끌려와 노비가 된 신라 사람들을 보고서는 해적을 소탕하겠다는 큰 뜻을 품게 되었지요. 벼슬을 버리고 우리나라로 돌아온 장보고는 중국에서의 일을 왕에게 알리고 청해에 진을 설치하게 해달라고 간청해 승낙을 받았어요. 청해진은 이렇게 해서 완도의 장도에 세워지게 된 진이랍니다.
    장도는 완도읍 장좌리 마을 앞 바다에 위치한 섬이에요. 이곳은 썰물 때가 되

장보고가 청해진을 세웠던 장도예요.

아, 이 우물터가 바로 청해정이구나~! 저기 외성문도 보이네~?!

면 하루에 두 번씩 바닷길이 열려요. 바다가 갈라져 길이 열리면 배를 타지 않고도 걸어서 갈 수 있지요.

청해진은 바로 이 장도에 목책을 박아 세우면서 건설되었어요. 목책은 나무로 만든 울타리를 말하는데 말뚝을 박아 세워서 적의 침입을 막는데 쓰였지요.

목책을 세운 뒤에는 성을 쌓았어요. 무기를 넣어둘 병기창, 식량을 보관할 군량창, 그리고 병사들이 지낼 막사와 적의 침입을 감시할 망루 등을 지었지요.

군사들이 식수로 사용했다는 '청해정'이라는 우물터와 토성의 일부, 기와 파편, 복원된 외성문와 내성문, 고대, 그리고 정리된 청해진 내부 등 장도에 가면 청해진과 관련된 유적지들을 볼 수 있지요. 조용하고 아담하게만 느껴지는 이곳이 오래전 장보고가 다스렸던 저력의 섬이었단 사실을 잊지 말았으면 해요.

청해진의 맨 윗쪽에 설치되어 있는 고대예요.

은혜 갚은 두꺼비

거제도

거제도 아주동에는 두꺼비와 얽힌 신비한 전설이 전해 오고 있어요.

지금으로부터 아주 오래전에 있었던 일이에요.

"세상에! 지난밤에 원님이 또 돌아가셨대요."

"정말 큰일이네. 이 일을 어쩌나……."

아주 고을 사람들은 삼삼오오 모여서 원님 이야기를 하며 열을 올렸어요. 벌써 몇 번째 고을에 부임한 원님이 며칠을 넘기지 못하고 죽었거든요.

원님들은 처음에는 모두 건강한 모습으로 고을에 왔어요. 하지만 하루하루 눈에 띄게 마르다가 얼마 못 가 관사에서 죽은 채로 발견되곤 했지요. 이런 소문이 빠르게 퍼져 나가자, 아무도 아주 고을의 원님으로 오려고 하지 않았어요.

"우리 고을엔 언제 새 원님이 오신대요?"

"어휴, 이번에도 안 오시려나 봐."

아주 고을은 원님이 없이 지내는 날이 계속되었어요. 일이 이렇게 되자, 고을 사람들 사이에서는 무슨 대책을 마련해야 한다는 목소리가 커져 갔어요.

"우리가 나서서 원님들이 죽는 이유를 알아봅시다."

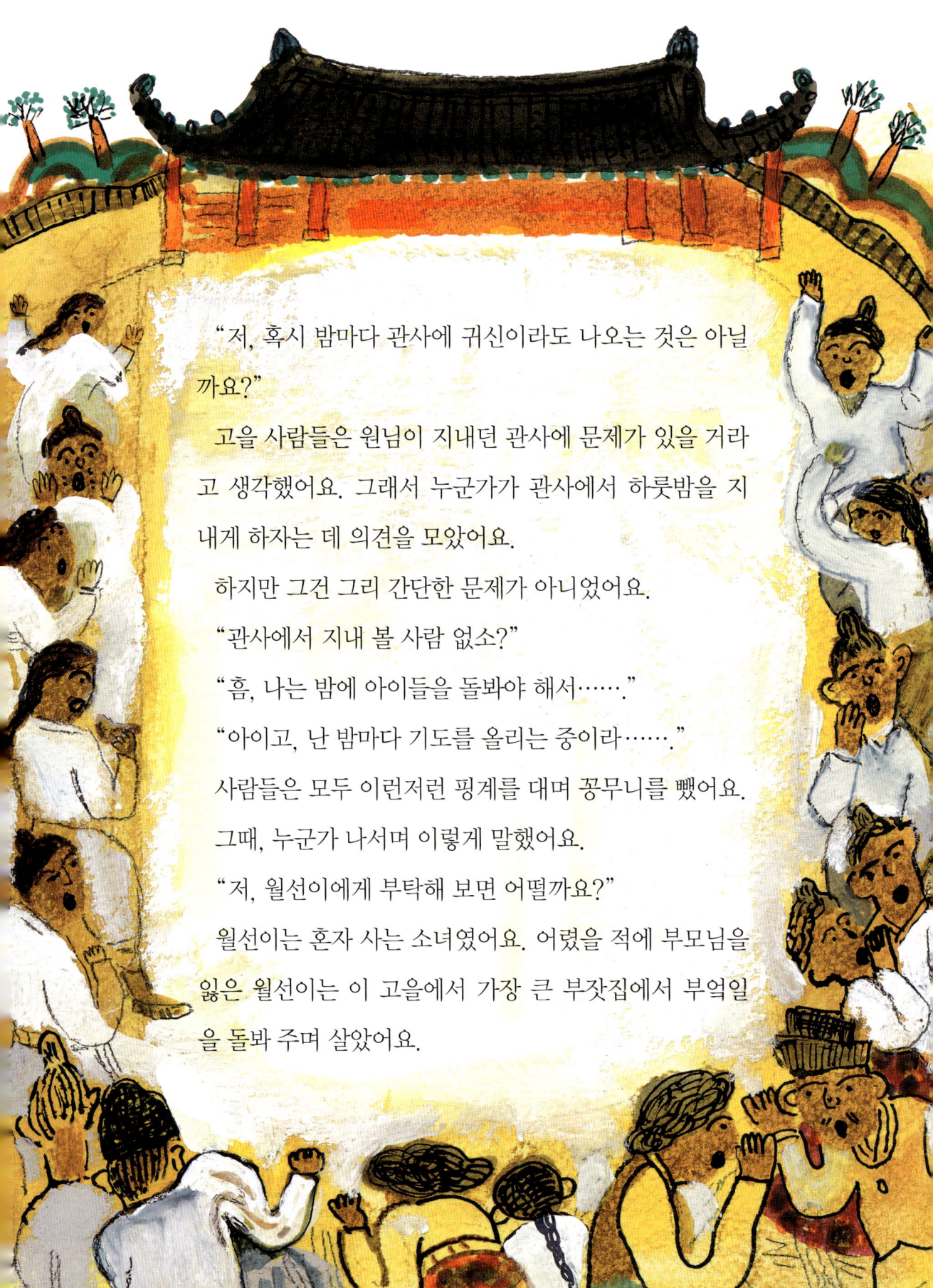

"저, 혹시 밤마다 관사에 귀신이라도 나오는 것은 아닐까요?"

고을 사람들은 원님이 지내던 관사에 문제가 있을 거라고 생각했어요. 그래서 누군가가 관사에서 하룻밤을 지내게 하자는 데 의견을 모았어요.

하지만 그건 그리 간단한 문제가 아니었어요.

"관사에서 지내 볼 사람 없소?"

"흠, 나는 밤에 아이들을 돌봐야 해서……."

"아이고, 난 밤마다 기도를 올리는 중이라……."

사람들은 모두 이런저런 핑계를 대며 꽁무니를 뺐어요. 그때, 누군가 나서며 이렇게 말했어요.

"저, 월선이에게 부탁해 보면 어떨까요?"

월선이는 혼자 사는 소녀였어요. 어렸을 적에 부모님을 잃은 월선이는 이 고을에서 가장 큰 부잣집에서 부엌일을 돌봐 주며 살았어요.

월선이는 마음씨가 무척 고운 소녀였어요. 어려운 일을 보면 그냥 지나치지 못했고, 다른 사람의 부탁은 무엇이든 들어 주려고 했지요.

"그게 좋겠어요! 그 아가씨라면 우리 사정을 들어줄 거예요."

고을 사람들은 그 길로 월선이의 집을 찾아갔어요. 그러고는 며칠 동안 남장을 하고 원님의 관사에서 지내 줄 수 있겠느냐고 물었지요. 고을 사람들의 뜻을 헤아린 월선이는 거리낌 없이 그러겠다며 승낙을 했어요.

다음 날, 월선이는 관사로 갔어요. 그리고 저녁때가 되자 잠을 자려고 원님 방으로 갔어요. 낯선 곳에서 혼자 지내려니 문득 무섭다는 생각이 들었어요. 잠도 오지 않았어요.

그런데 밤이 깊어 자정쯤 되었을 때였어요.

"스윽, 스윽스윽……."

어디선가 이상한 소리가 들렸어요. 월선이는 소리가 나는 쪽으로 귀를 기울였어요. 자세히 들어 보니 이상한 소리는 문밖에서 나는 것 같았어요.

'으, 무서워…….'

월선이는 덜컥 겁이 났지만 용기를 내서 천천히 문을 열어 보았

어요.

"어? 너였구나!"

문밖에서 나던 소리는 두꺼비 한 마리가 문지방 앞에 앉아서 문쪽으로 튀어 오르며 낸 소리였어요.

그 두꺼비는 오래전부터 월선이와 인연이 있었어요.

월선이가 아주 고을에서 부엌일을 시작한 지 얼마 지나지 않았을 때, 그 두꺼비가 월선이를 처음 찾아왔지요. 마음씨 고운 월선이는 두꺼비가 배가 고파서 찾아온 거라고 생각하고 먹을 것을 주었어요. 그 뒤로도 두꺼비는 가끔씩 월선이를 찾아오곤 했어요. 그때마다 월선이는 잊지 않고 먹을 것을 던져 주곤 했지요.

"호호, 내가 여기 있는 걸 어떻게 알았니? 여기까지 날 찾아온 거야?"

월선이의 물음에 두꺼비는 큰 눈을 껌뻑거렸어요.

"잠깐 기다려 봐. 혹시 부엌에 먹을 게 있는지 찾아볼게."

마음씨 착한 월선이는 부엌으로 가서 두꺼비에게 줄 만한 것들을 챙겨 왔어요.

"자, 어서 먹어."

하지만 웬일인지 두꺼비는 월선이가 준 것을 먹지 않았어요. 월선이는 그런 두꺼비의 행동이 이상했지만 두꺼비와 함께 있다는 사실에 이내 안심이 되었어요. 무서움도 덜해졌고, 혼자 심심하던 때에 마음도 달랠 수 있었거든요.

"잘됐다. 오늘은 나랑 여기서 지내자."

두꺼비는 방 한가운데 앉아서 꼼짝도 하지 않았어요. 그렇게 얼마가 지나자, 월선이는 잠시 바람을 쐬려고 밖으로 나갔어요.

"아! 밤공기가 무척 시원하구나!"

월선이는 관사 마당에 서서 밤하늘의 별을 바라보았어요.

그런데 얼마 뒤, 방에서 두꺼비 울음소리가 들려왔어요.

"끄륵, 끄륵!"

월선이는 무슨 일인가 싶어 얼른 방으로 들어갔어요. 그런데 이게 웬일이에요. 방 한가운데에 두꺼비가 힘없이 엎어져 있었어요.

"아, 두껍아! 두껍아!"

월선이는 너무 놀라 울음 섞인 목소리로 두꺼비를 불렀지요. 하지만 두꺼비는 꼼짝도 하지 않았어요. 무슨 일이 있었는지 그새 죽어버린 거예요.

월선이는 자기가 없는 동안 무슨 일이 일어났는지 알아보려고 방 안을 둘러보았어요.

"앗! 지네잖아?"

방 한쪽 구석에는 한 자도 더 되는 커다란 지네가 죽어 있었어요. 크고 징그럽게 생긴 지네를 보는 순간 월선이는 온몸에 소름이 끼쳤어요.

지네는 독이 있는 동물이에요. 게다가 저렇게 큰 지네에게서는 무척 독한 독이 뿜어 나왔을 게 분명했지요.

월선이가 자세히 둘러보니 방 안 천장 대들보 쪽에 커다란 구멍이 나 있었어요. 아마도 지네가 그곳에 살며 밤마다 나와 원님의 피를 빨아 먹은 것 같았어요.

"흑흑, 나 때문에⋯⋯. 그래서 날 찾아온 거였구나."

월선이는 그제야 두꺼비가 관사로 찾아온 이유를 알았어요.

두꺼비는 월선이가 방 밖으로 나가고 난 뒤, 지네와 한바탕 싸움을 벌였던 거예요. 지네가 내뿜는 독에 두꺼비가 죽고, 지네 역시 두꺼비에게 물려 죽고 만 거지요.

다음 날 아침이 되자, 고을 사람들이 관사로 몰려들었어요. 지난밤에 혹시 월선이에게 무슨 일이 있었는지 궁금해서였지요. 월선이는 사람들에게 지난밤에 있었던 일을 이야기해 주었어요.

"세상에, 두꺼비가 은혜를 갚으려고 한 모양이네."

고을 사람들은 신기해하며 혀를 내둘렀어요.

사람들은 월선이의 뜻에 따라 두꺼비를 뒷산 국사봉 아래에 묻어 주었어요. 그리고 죽은 지네는 뜨거운 가마솥에 넣고 까맣게 타도록 볶았어요. 그렇게 해야 독이 없어질 거라고 생각했거든요.

"이제 빻아 가루로 만듭시다."

사람들은 까맣게 탄 지네를 가루로 빻았어요. 그런데 지네 가루를 버릴 곳이 마땅치 않았어요. 뒷산에 버리면 고을로 흘러올까 봐 걱정이었어요. 또 냇가에 버리면 냇물에 독이 스며들까 봐 걱정이었지요.

"옥포 앞바다에 버립시다!"

"그럽시다. 그게 좋겠어요."

그렇게 해서 아주 고을 사람들은 지네 가루를 옥포 앞바다에 버렸어요.

그 뒤로 옥포 앞바다에 안개가 짙게 깔리거나 물빛이 붉게 보이면 사람들은 지네 독 때문이라고 말하곤 했답니다.

백두 낭자·한라 도령과 함께 알아보는 구석구석 섬 이야기

민족의 아픈 역사를 간직한
거제도 포로수용소

거제도는 한국전쟁 때 포로수용소가 있던 곳이에요. 전쟁 중 유엔군의 포로가 된 북한군과 중공군들을 가두어 두었던 장소가 바로 이곳이었지요. 거제도 포로수용소에 대해 좀더 알고 싶어요.

포로수용소는 전쟁으로 생긴 포로들을 가두어 두고 거주시키는 공간을 말해요. 1950년 한국전쟁이 일어나고 포로들이 생겨나자, 유엔군은 거제도에 포로수용소를 만들었어요. 그리고 일 년 뒤인 1951년에는 북한군 15만 명과 중공군 2만 명 등 무려 17만 명의 포로를 이곳에 가두었지요.

1952년에는 이곳에서 커다란 폭동이 일어나기도 했어요. 폭동은 북한과 중국으로 돌아가려는 친공 포로들과 돌아가지 않으려는 반공 포로들이 서로 나뉘어

이곳이 바로 거제도 포로수용소 유적 공원이에요.

맞서면서 일어났어요.

당시 북한 측은 강제 송환을 주장했고 남한에서는 자유 송환을 주장했어요. 강제 송환은 포로들의 의사와 상관없이 무조건 포로들의 나라로 되돌려 보내는 것을 말해요. 그리고 자유 송환은 포로들 각자의 뜻에 따라 처리하는 것을 말하지요. 유엔군은 자유 송환을 주장하며 포로들을 심사하기 시작했어요. 하지만 북한군이나 중공군에게 자기네 나라로 돌아갈 것을 포기하도록 강압적인 심사를 했지요. 그래서 이에 반대한 포로들이 폭동을 일으켰던 거예요. 그렇게 일어난 폭동으로 수많은 포로가 희생되고 말았답니다.

1953년, 방공 포로 석방을 기회로 1953년 7월 27일에 휴전협정이 맺어졌어요. 이로서 전쟁은 일단락이 되고 거제도 포로수용소도 문을 닫았어요.

지금 그 자리에는 일부 잔존건물과 함께 당시 포로들의 생활상, 폭동현장 등을 기록한 문서와 사진 자료들을 토대로 거제도 포로수용소 유적 공원을 만들어 그때의 아픈 역사 현장을 전해주고 있어요.

6·25 역사관, 포로 생활관, 포로 사상 대립관, 여자 포로관 등……. 이곳을 한번 둘러보고 나면 전쟁 때문에 우리 민족이 겪은 고통과 피해가 얼마나 컸는지를 짐작할 수 있답니다.

포로수용소 유적 공원 안에 있는 포로생포관이에요.

사랑을 이룬 선비

백령도

백령도는 우리나라 서해에 있는 섬 가운데 가장 북쪽에 있어요. 우리나라에서 백령도에 가려면 인천에서 쾌속선을 타고 바다 위를 네 시간이나 달려야 하지요. 하지만 북한의 황해도에서는 겨우 몇 십 분밖에 걸리지 않아요. 그래서 백령도에는 황해도 지방을 배경으로 하여 섬의 이름과 관련된 유명한 전설이 있답니다.

옛날, 황해도 어느 마을에 가난한 선비가 살았어요. 그 선비는 밤낮을 가리지 않고 글공부를 했어요.

"애야, 밤이 깊었구나. 이제 그만 하고 자거라."

"아닙니다. 어머니, 조금만 더 하겠습니다."

선비의 어머니는 아들이 무척 대견스러웠어요. 글공부도 열심히 하는데다 착하고 효심도 깊었거든요.

한편, 같은 마을에 아름다운 아가씨가 있었어요. 그 아가씨는 마을 사또의 딸이었지요. 어느 날부터인가 두 사람은 서로를 사랑하게 되었어요. 그래서 장래를 약속하게 되었어요.

두 사람에 대한 소문은 온 마을에 퍼지고 곧 사또의 귀에까지 들어갔어요. 사또는 크게 화를 내며 딸을 불러들였어요.

"마을에 퍼진 그 소문이 사실이냐?"

"네, 아버님. 저는 그 선비님을 사랑하고 있습니다."

아가씨는 용기를 내어 대답했어요. 하지만 사또는 노발대발하며 크게 소리쳤어요.

"절대 안 된다. 그런 가난뱅이를 사위로 맞아들일 수는 없어!"

사또는 가난한 선비가 마음에 들지 않았어요.

"다시는 그 녀석을 만나지 마라! 알겠느냐?"

"아버님, 그럴 수는 없습니다. 흑흑흑……."

사또의 뜻은 확고했어요. 아무리 아가씨가 울며 애원해도

꿈쩍도 하지 않았어요. 하지만 아가씨도 선비를 포기할 수 없었어요. 두 사람은 진심으로 사랑했거든요. 아가씨는 아버지의 눈을 피해 몰래몰래 선비를 만났어요. 그러던 어느 날, 사또는 밤늦게 집을 나서는 아가씨를 보았어요.

'아니, 저 애가 이렇게 늦은 밤에 어딜 가는 걸까?'

사또는 혹시나 하는 마음에 몰래 딸의 뒤를 따라가 보았어요.

"저, 저 녀석은!"

사또의 예감대로 아가씨는 선비를 만나러 간 것이었어요.

"네 이놈!"

"아, 아버님! 제발 선비님을 용서해 주세요."

사또는 그 자리에서 선비를 호되게 꾸짖었어요. 그러고는 그 길로 아가씨를 데리고 돌아왔어요. 집으로 돌아온 사또는 더 이상 둘을 그대로 두어서는 안 되겠다고 생각했어요. 그래서 다음 날 아침, 큰 결단을 내렸어요.

"지금 당장 짐을 싸라."

"네? 아버님, 그게 무슨 말씀이신지……."

사또는 딸을 아무도 모르게 먼 곳으로 보낼 생각이었어요.

"아버님, 제발 용서해 주세요. 흑흑흑……."

아가씨가 아무리 울며 애원을 해도 사또는 꿈쩍도 하지 않았어요. 그 길로 아가씨는 배에 태워져 어디론가 보내졌어요. 얼마 지나지 않아 선비는 이 사실을 알게 되었어요. 선비는 아가씨를 찾아 정처 없이 이곳저곳을 헤매 다녔어요.

"아, 나의 사랑! 도대체 어디에 있단 말이오?"

아무리 찾아 다녀도 선비는 아가씨를 찾을 길이 없었어요. 결국 선비는 아가씨를 그리워하다가 그만 병이 나고 말았어요.

"아……. 낭자! 보고 싶소."

선비는 정신을 잃기도 하고, 헛소리를 하기도 했어요.

"아이고, 애야! 제발 정신 좀 차려라."

선비의 어머니는 밤을 지새우며 아들을 돌보았어요. 하지만 아들은 좀처럼 기운을 차리지 못했지요.

"어휴, 그러게 너와는 어울리는 짝이 아니라고 했잖니……."

병든 아들을 바라보는 어머니의 한숨은 깊어만 갔어요. 선비의 병은 하루가 다르게 깊어져서 이제는 움직이지도 못할 정도가 되었어요. 선비는 방 안에 누워서 그리움의 눈물을 흘렸어요. 그러던 어느 날 밤, 선비는 이상한 꿈을 꾸었어요.

'어? 저게 뭐지?'

꿈속에서 선비는 멀리서 새하얀 새 한 마리가 날아오는 것을 보았어요. 그 새는 선비에게 가까이 다가왔어요.

'학이로구나!'

그런데 이상하게도 학이 입에 웬 종이를 한 장 물고 있었어요. 선비는 학을 뚫어지게 쳐다보았어요. 그러자 학이 선비에게 이렇게 말을 했어요.

"선비님! 제가 아가씨가 있는 곳을 가르쳐 드리지요."

선비는 귀가 번쩍 뜨였어요. 그런데 선비가 무언가 말을 하려고 하자, 학은 물고 있던 종이를 떨어뜨리고는 멀리 날아가 버렸어요. 그 순간 선비는 꿈에서 깨어났어요.

'어허! 참 이상한 꿈도 다 있네.'

마치 실제 있었던 일처럼 생생한 기분에 선비는 잠시 넋을 잃고 앉아 있었어요.

'내가 조금만 늦게 깨었더라면 낭자가 있는 곳을 알게 되었을지도 모르는데……. 휴우.'

선비는 아쉬운 마음에 한숨을 쉬며 고개를 숙였어요. 그런데 그때, 방바닥에 웬 종이가 한 장 떨어져 있는 게 보였어요.

"이게 뭐지?"

선비는 이상한 기분에 종이를 주워 얼른 펴 보았어요.

"세상에, 이럴 수가……."

종이를 본 선비는 깜짝 놀랐어요. 종이에는 마을에서 어떤 섬으로 가는 뱃길이 그려져 있었거든요.

"혹시……. 낭자가 이 섬에?"

선비는 기운을 차려 종이를 들고 밖으로 나갔어요. 그러고는 종이에 그려진 대로 장산곶으로 갔어요.

"여기 이 섬에 가려고 합니다."

선비는 뱃사공에게 종이를 보여 주었어요. 뱃사공은 선비를 태우고 종이에 그려진 섬을 향해 떠났어요.

한편, 외딴 섬에 홀로 갇힌 아가씨는 날마다 선비를 그리며 바닷가에 나와 있었어요. 아가씨는 오랫동안 꼼짝도 하지 않고 눈물을 흘리며 바다 쪽을 바라보곤 했어요.

마침내 선비를 태운 배가 섬에 도착했어요. 그날도 아가씨는 바닷가에 나와 하염없이 바다를 바라보고 앉아 있었지요.

"어? 웬 배가 이리로 오네?"

아가씨는 섬으로 다가오는 배를 보고는 자리에서 벌떡 일어났어요. 아가씨가 그 섬에 갇힌 뒤로는 아무도 찾아오지 않았기 때문에 무척 반가운 마음이 들었거든요. 아가씨는 혹시나 하는 기대에 가슴이 두근두근 뛰었어요.

'아, 선비님이 저 배에 타고 계시면 얼마나 좋을까?'
배가 가까이 다가오자 아가씨는 소스라치게 놀랐어요.
"선비님!"
배 위에 서 있는 사람은 분명 꿈에도 그리던 선비였어요.
"낭자!"
두 사람은 서로 얼싸안고 기쁨의 눈물을 흘렸어요.
다시 만나게 된 두 사람은 그 섬에서 오래오래 행복하게 살았답니다.

그 뒤로 사람들은 이 섬을 '하얀 학이 알려 준 섬'이라는 뜻으로 '백학도'라고 불렀어요. 그리고 지금은 '흰 날개'라는 뜻을 지닌 '백령도'라고 부른답니다.

백두 낭자·한라 도령과 함께 알아보는 구석구석 섬 이야기

천연기념물로 지정된 사곶과 콩돌 바닷가

백령도에는 천연기념물로 지정된 바닷가가 두 곳이나 있다고 들었어요. 어느 바닷가인지, 왜 천연기념물로 지정이 되었는지 자세히 알고 싶어요.

자연이 만든 비행장에 대해 들어본 적 있나요? 세계에서 단 두 곳뿐인 천연 비행장이 바로 우리나라의 백령도에 있답니다. 다른 한곳은 이탈리아의 나폴리에 있고요.

백령도의 '사곶 바닷가'는 다른 바닷가와는 많이 달라요. 일반적인 바닷가에는 발이 푹푹 빠지는 모래사장이 펼쳐져 있지만, 사곶 바닷가는 자동차가 쌩쌩 달려도 끄떡없을 만큼 단단하게 다져져 있거든요. 심지어 비행기도 뜨고 내릴

사곶 비행장은 세계에서도 단 두 곳뿐인 천연 비행장이랍니다.

작은 콩돌들의 색깔이 참 다양하지요?

수가 있어 천연 비행장으로 불리고 있답니다.

비행기가 뜨고 내리려면 활주로가 있어야 하지요. 그리고 이 활주로는 커다란 비행기의 무게를 이겨낼 수 있을 만큼 아주 단단해야 해요. 그런데 자연이 이러한 비행장을 사곶 바닷가에 만들어 놓았어요.

사곶 바닷가의 모래사장은 부서진 조개껍데기들이 쌓여 만들어졌어요. 아주 오랜 세월동안 층층이 차곡차곡 쌓여서 길이 3킬로미터, 너비 300미터의 비행장을 만들었지요. 평소에는 자동차가 달리고, 때로는 군용 비행기가 뜨고 내리기도 하는 이곳은 천연기념물 제391호로 지정되어 있답니다.

천연기념물로 지정된 또 하나의 바닷가는 천연기념물 제392호로 지정된 '콩돌 바닷가'예요. 지름이 0.5~2센티미터 정도 되는 콩처럼 작고 동글동글한 돌들이 흰색, 갈색, 보라색, 검은색 등 다양한 색과 무늬를 가지고 있지요.

돌들은 작게 부서지기는 쉬워도 동글동글하게 닳기는 쉽지 않아요. 그런데 콩돌은 신기하게도 잘 부서지지 않고 바람과 물에 모가 난 부분만 닳고 깎여서 동글동글하게 만들어진답니다. 그래서 콩돌 바닷가는 백령도의 모양과 땅의 성질을 연구하는 데 중요한 자료가 되고 있답니다.

촛대바위가 된 효녀

울릉도

울릉도는 동해 바다 위에 우뚝 선 화산섬이에요. 까마득히 오랜 옛날, 깊은 바닷속에서 화산이 폭발했을 때 울릉도가 생겨났지요. 울릉도는 위에서 내려다보면 오각형이에요. 생김새가 오징어 같기도 하고, 또 여우 얼굴 같기도 하지요. 옆에서 보면 바다 위에 섬 전체가 우뚝 솟은 모양이에요. 그리고 가까이에서 보면 거의 수직에 가까운 바위 절벽으로 둘러싸여 있지요.

이러한 울릉도에는 예로부터 신비한 이야기가 많이 전해 오고 있어요. 특히, 특이한 바위나 지형에 얽힌 전설이 많이 전해오고 있지요.

그중에서도 저동항의 슬픈 전설이 담긴 촛대바위 이야기는 특히나 유명하답니다.

옛날, 울릉도 모시개 마을에 아버지와 딸이 살았어요. 어려서 어머니를 잃은 딸은 효심이 지극해서 나이 드신 아버지를 잘 보살펴 드렸어요. 또한 마음씨도 무척 고와서 마을 사람들은 모두 소녀를 칭찬했지요.

소녀와 아버지는 무척 가난했어요. 가진 것이라고는 낡고 작은 배 한 척과 집 뒤에 있는 밭 한 때기가 전부였지요.

그러던 어느 해의 일이었어요.

"휴, 정말 큰일이구나."

아버지의 한숨 소리를 들은 소녀는 걱정이 되었어요.

"아버지, 왜 그러세요? 무슨 걱정이라도 있으세요?"

"아니다."

아버지는 좀처럼 내색을 하지 않으셨어요. 하지만 며칠 후, 소녀는 아버지가 왜 그러시는지 이유를 알게 되었어요. 아버지가 며칠 동안 밭을 바라보시며 걱정스레 앉아 계셨거든요.

소녀와 아버지는 밭에서 옥수수를 가꾸어 왔었어요. 그 옥수수는 소녀와 아버지가 겨울 동안 먹을 양식이었지요. 그런데 그해에는 지독한 흉년이 들었어요. 게다가 바람도 무척 강하게 불어 옥수수는 단 한 알도 열리지 않았답니다.

"아버지, 너무 걱정 마세요. 제가 먹을 것을 좀 구해 보겠어요."

"아니다. 섬 전체에 흉년이 들었는데 네가 어디 가서 먹을 걸 구하겠니?"

아버지는 하는 수 없이 고기를 잡으러 나가야 했어요. 비가 오나 눈이 오나 쉴 수 없었어요. 작고 낡은 배로 바다에 나가 고기를 잡는 일은 무척 위험했어요. 어쩌다 날씨라도 궂으면 소녀는 무척 걱정이 되었지요.

그러던 어느 날이었어요.

"아버지, 오늘은 바람이 많이 부니 바다에 나가지 마세요. 네?"

"괜찮다. 그 대신 다른 날보다 좀 일찍 들어오마."

아버지는 걱정하는 딸에게 이렇게 말하고 바다로 나갔어요. 하지만 그날 저녁, 해가 서쪽으로 다 기울어도 아버지는 돌아오지 않았어요.

'어쩐 일이지? 정말 큰일이네.'

소녀는 불안한 마음에 바닷가로 나가 아버지를 기다렸어요. 그러나 밤이 깊도록 아버지가 탄 배는 보이지 않았어요.

"흑흑……. 모두 내 잘못이야. 아버지를 못 가시게 붙잡았어야 했어."

소녀는 밤을 꼬박 새우며 아버지를 기다렸어요. 하지만 소용없는 일이었어요. 며칠이 지나도 아버지는 돌아오지 않았지요. 소식을 들은 마을 사람들은 모두 소녀를 가엾게 생각했어요.

마을 사람들은 소녀의 아버지가 높은 파도에 휩쓸려 돌아가셨다고 생각했어요.

"아버지마저 돌아가셨으니 이제 누구를 의지하고 살까."

"쯧쯧……. 불쌍해서 어쩌나."

며칠 후, 마을 사람들이 소녀의 집으로 찾아왔어요.

"아이고, 이게 웬일이야!"

며칠을 굶었는지 소녀는 누워 일어나지도 못했어요.

"얘야, 이러면 안 된다."

"그래, 산 사람은 어떻게 해서든지 살아야지."

마을 사람들은 소녀에게 죽을 쑤어 먹였어요. 그리고 기운을 낼 수 있도록 정성을 다해 보살펴 주었어요. 하지만 소녀는 겨우 목숨을 이어 갈 정도의 음식만 먹으며 하염없이 울었어요. 그렇게 또 며칠이 지난 어느 날 아침이었어요.

"아, 아버지! 아버지가 돌아오고 계셔."

잠에서 깨어난 소녀가 혼잣말을 하며 밖으로 나갔어요. 꿈을 꾸

었는지 아니면 어떤 환상을 보았는지 소녀는 아버지가 오신다며 기뻐했어요.

"지금 우리 아버지가 돌아오고 계세요!"

소녀는 사람들에게 이렇게 말했어요. 그러고는 아버지가 배를 타고 나갔던 바닷가로 뛰어갔어요.

그런데 이게 웬일일까요? 정말 저 멀리 바다 위에서 흰 돛을 단 배가 떠오고 있었어요.

"배가 들어온다!"

소녀는 큰 소리로 외쳤어요.

"아버지! 아버지!"

하지만 이상한 일이었어요. 배는 육지 쪽으로 다가오는 것 같으면서도 좀처럼 육지에 닿지 않았어요.

"어? 이상하다. 배가 왜 가까이 안 오는 거지?"

바다 위에 떠 있는 배는 파도에 출렁이며 움직이기만 할 뿐 소녀에게 다가오지 않았어요.

"아버지! 얼른 오세요!"

소녀가 이렇게 부르자, 대답이 들려왔어요.

"곧 가마."

하지만 배는 조금도 가까워지지 않았어요. 소녀는 더 이상 기다리고만 있을 수가 없었어요. 그래서 배가 있는 곳으로 가기 위해 바다로 들어갔어요. 하지만 배는 보기보다 멀리 있었어요. 바닷물이 가슴까지 차오르자 소녀는 더 이상 들어갈 수가 없었어요. 소녀는 추위에 덜덜 떨며 아버지를 불렀어요.

"아버지! 얼른 오세요!"

"곧 가마."

다시 같은 대답이 들려왔고, 소녀는 추운 바다에 서서 배가 다가오기만을 기다렸어요.

한 시간, 두 시간, ······. 시간은 자꾸 흘러갔지만 배는 다가오지 않았어요. 결국 아버지를 기다리던 소녀는 바다에 우뚝 선 채 바위가 되고 말았지요. 돌아온다던 아버지의 배는 소녀에게만 보인 환상이었던 거예요. '곧 간다'는 소리도 실제로 들려온 소리가 아니었던 거예요.

　울릉도 사람들은 효성스러운 소녀의 전설이 서린 그 바위를 '효녀바위'라고 부르기로 했어요. 이 바위가 바로 울릉도 저동항에 있는 '촛대바위'랍니다.

백두 낭자·한라 도령과 함께 알아보는 구석구석 섬 이야기

독특한 특징을 가진 울릉도 투막집과 특산물

겨울이 되면 눈이 많이 내리는 울릉도. 이곳에는 눈의 피해를 막기 위해 지은 독특한 모양의 집과 유명한 특산물들이 있다고 해요. 어떤 집인지, 또 울릉도의 특산물에는 어떠한 것들이 있는지 알고 싶어요.

    섬이기 때문에 육지와는 생활 모습이 다른 울릉도에는 여러 가지 독특한 특징들이 있어요. 그 가운데 하나가 바로 눈의 피해를 막기 위해 독특하게 지어 놓은 '투막집'이에요.
    투막집은 먼저 통나무를 우물 정(井)자 모양으로 쌓아올려 지어요. 그런 다음 나무와 나무 사이의 벌어진 틈을 물과 진흙에 억새풀을 섞어 반죽한 것으로 메우지요. 집 둘레에는 '우데기'라는 싸리나 옥수숫대로 만든 울타리를 둘러 한

귀틀집이라고도 부르는 울릉도의 투막집은 바람과 추위를 잘 막아 주지요.

결 따뜻하게 겨울을 날 수 있게 했어요.

투막집의 가장 큰 특징은 사방을 둘러보아도 창문이 없다는 점이에요. 추위와 바람을 막기 위해 집을 지을 때 창을 만들지 않는 것이지요.

울릉도의 특산물로는 오징어와 호박엿이 유명해요. 울릉도 앞 바닷물에는 산소가 많아 플랑크톤이 풍부하거든요. 영양이 풍부해 많은 어족들이 모이는 황금어장인데, 특히 오징어의 품질이 우수하답니다.

울릉도의 특산물인 오징어를 말리는 모습이에요.

또한 울릉도 호박엿의 유래는 100여 년 전으로 거슬러 올라가게 되요. 육지에서 섬으로 들어와 살기 시작한 사람들이 호박씨를 가져다 심었는데 해마다 호박이 탐스럽게 열렸어요. 먹을 것이 부족했던 사람들은 이 호박으로 죽을 쑤어 먹었는데 그 맛이 엿처럼 달았다고 해요. 그래서 사람들은 달고 맛이 좋은 호박죽을 엿처럼 졸여서 먹었고, 이것이 울릉도 호박엿의 유래가 되었답니다.

이야, 달고 맛있는 울릉도 호박엿이다~!

바위가 된 삼 형제

보길도

옛날, 보길도 부용 마을에 나이가 서른이 되도록 장가를 못 간 총각이 살았어요. 총각은 장가를 가는 게 소원이었어요. 그래서 하루는 이웃 마을의 용한 점쟁이를 찾아가 물어보았어요.

"언제쯤 제가 장가를 갈 수 있을까요?"

점쟁이는 총각을 찬찬히 살펴보더니 이렇게 말했어요.

"장가를 가고 싶나?"

"네! 방법이 있다면 좀 알려 주세요."

"그래? 그렇다면 여자 옷을 한 벌 마련하게."

점쟁이의 말에 총각은 놀라서 다시 되물었어요.

"여자 옷이라고요? 그걸 어디에 쓰지요?"

점쟁이는 총각에게 차근차근 이야기해 주었어요.

"열흘이 지나면 보름달이 뜰 걸세. 그럼 몸과 옷차림을 깨끗이 하고 마련한 여자 옷을 붉은 보자기에 싸서 부용동 냇가로 가게. 보름달이 남쪽 하늘 위에 떠오르면 하늘나라 선녀들이 내려와서 그 연못에서 목욕할 거야. 선녀들이 목욕을 시작하면 벗어 놓은 옷 중에 한 벌만 몰래 훔쳐다가 바위틈에 숨겨 놓게."

점쟁이의 말에 총각은 깜짝 놀랐어요. 선녀들이 냇가로 내려온다는 것도 놀라운데 선녀의 옷을 훔쳐 놓으라니 가슴이 마구 뛸

일이었지요.

"선녀들은 목욕이 끝나면 옷을 입고 다시 하늘나라로 올라갈 걸세. 그때 자기 옷을 잃어버린 선녀는 하늘나라로 못 가고 웅크리고 앉아서 울 거야."

점쟁이는 마련해 간 옷을 선녀에게 주고 잘 달래서 아내로 맞으라고 했어요. 그러고는 마지막으로 한 가지 당부를 했어요.

"절대로 그 선녀가 자식 넷을 낳기 전에는 선녀 옷을 내주어서는 안 되네."

총각은 점쟁이의 말을 마음 깊이 새겨들었어요.

열흘이 지난 후, 보름달이 휘영청 밝게 떠올랐어요. 총각은 점쟁이가 시킨 대로 말끔하게 차려 입고 보자기에 여자 옷 한 벌을 싸서 부용동 냇가로 갔어요. 그러고는 커다란 바위 뒤에 숨었어요. 그런데 조금 있으니 신기한 일이 벌어졌어요. 점쟁이 말대로 하늘에서 선녀들이 내려와서는 선녀 옷을 벗어 놓고 냇가에서 목욕을 하기 시작했어요.

"아, 정말이네!"

총각은 너무 놀라 벌어진 입을 다물지 못했어요. 총각은 얼른 점쟁이가 시킨 대로 했어요. 선녀 옷 한 벌을 몰래 가져다가 바위 틈에 숨겨 놓고 선녀들의 목욕이 끝나기만을 기다렸지요.

"호호호……. 얘들아, 우리 이제 그만 하늘로 올라가자."

드디어 목욕을 마친 선녀들이 옷을 입기 시작했어요.

"어? 이상하네. 내 옷이 없어."

선녀 하나가 옷을 찾지 못하고 당황해했어요.

'옳거니! 정말 점쟁이 말대로 되는구나.'

옷을 다 입은 선녀들은 옷을 잃어버린 선녀를 남겨 둔 채 하늘로 올라가 버렸어요. 홀로 남은 선녀는 어쩔 줄 모르고 웅크리고 앉아 울고 있었지요.

총각은 선녀에게 가까이 다가가 준비한 옷을 건네주었어요. 그러고는 왜 울고 있는지 물어보고 따뜻하게 위로해 주었어요.

"선녀님, 울지 말고 오늘은 우리 집으로 함께 갑시다."

울다 지친 선녀는 하는 수 없이 총각을 따라갔어요. 그리고 며칠이 지나자 총각은 선녀에게 청혼을 했어요.

"어차피 옷을 잃어버려 하늘나라로 돌아가지도 못할 테니, 여기서 나와 결혼해 함께 삽시다."

한참을 망설이던 선녀는 총각의 청혼을 받아들였어요. 그렇게 결혼을 한 두 사람은 행복하게 잘 살았어요.

몇 년 후, 부부에게는 세 명의 아들이 생겼어요.

그러던 어느 날이었어요.

"여보, 그날 당신은 깊은 밤중에 왜 연못가에 왔던 거예요?"

"허허, 갑자기 그건 왜 묻는 것이오?"

선녀는 갑자기 남편에게 자신이 선녀 옷을 잃어버렸던 날의 일을 물어보았어요. 남편은 별 생각 없이 아내에게 모두 이야기해 주었어요.

"나야 뭐 점쟁이가 시킨 대로 한 거지. 허허허."

"그럼 제 옷은 어디에 있지요?"

"그때 그 선녀 옷 말이오?"

"네."

"그거야 물론 내가 잘 두었지."

오랜 세월이 지난 뒤라 남편은 점쟁이가 일러 주었던 충고를 깜빡 잊고 말았어요. 선녀는 남편이 숨겨 두었다는 선녀 옷을 보여 달라고 졸랐어요.

"여보, 선녀 옷을 한 번만 보여주세요. 네?"

선녀가 자꾸만 졸라 대자, 결국 남편은 깊이 숨겨 둔 선녀 옷을 꺼내 보여 주었어요. 남편은 세월이 많이 흘렀으니 아무 일도 없을 거라고 생각했던 거예요. 그런데 다음 날, 선녀는 아들 셋을 데리고 부용동 냇가로 갔어요.

"엄마를 꼭 잡으렴. 이제 우리는 하늘나라로 올라갈 거야."

옷을 곱게 갈아입은 선녀는 아이들을 데리고 다시 하늘나라로 올라가려고 했어요. 그런데 세 아들이 나서서 이렇게 말하는 게 아니겠어요?

"어머니, 아버지를 혼자 두고 갈 수는 없어요."

"맞아요, 어머니. 그냥 여기서 우리 모두 함께 살아요. 네?"

세 아들은 어머니에게 간절히 애원했어요. 하지만 선녀는 하늘나라로 돌아가겠다는 마음을 바꾸지 않았어요.

"너희들이 나와 함께 가지 않겠다니 할 수 없구나."

선녀는 아이들을 남겨 두고 홀로 하늘나라로 올라가 버렸어요. 하늘나라로 올라간 선녀는 옥황상제에게 그동안 있었던 일을 모두 말했어요.

"뭐라고? 이런 괘씸한 일이 있나!"

옥황상제는 크게 화를 냈어요.

"당장 그놈에게 벼락을 내려라!"

옥황상제의 불호령이 떨어지자마자 번쩍하고 벼락이 내리쳤어요. 그리고는 하늘을 울리는 커다란 천둥소리가 들려왔지요.

"콰쾅!"

선녀의 남편은 그렇게 하늘의 벌을 받아 죽고 말았어요. 하지만 옥황상제의 화는 쉽게 가라앉지 않았어요.

"홍수를 일으켜 세 아이를 물고기밥이 되게 하라!"

옥황상제의 명령에 선녀는 깜짝 놀랐어요.

"옥황상제님! 제발 그 명령만은 거두어 주십시오."

선녀는 울며 애원했어요. 자신의 불쌍한 아이들이 고기밥이 되는 것을 차마 볼 수가 없었던 거예요. 선녀의 눈물에 옥황상제는 명을 거두었어요. 그 대신 이렇게 말했어요.

"저 아이들을 바위로 만들어 버려라!"

옥황상제의 명령이 떨어지자, 냇가에 있던 아이들은 그대로 바위가 되어 버렸어요.

보길도 보길면 부용 마을 뒷산에는 일 년 내내 물이 마르지 않는 작은 연못이 하나 있어요. 그 연못 주위에는 '삼 형제 바위'라 불리는 바위가 세 개 있지요. 이 이야기는 바로 그 바위에 얽혀 전해 오는 전설이랍니다.

백두 낭자·한라 도령과 함께 알아보는 **구석구석 섬 이야기**

천연 밀림으로 이루어진 예송리 상록수림

윤선도가 '피어나는 연꽃'과 같다고 표현했던 보길도. 이렇게 아름다운 보길도의 자연 가운데 천연기념물로 지정된 숲이 있다면서요? 어떤 숲인지 자세히 알고 싶어요.

상록수가 우거진 아름다운 섬인 보길도는 다도해 해상국립공원에 속해 있어요. 그리고 이 섬의 '예송리 상록수림'은 천연기념물 40호로 지정되었지요.

예송리 상록수림은 바닷가를 따라 반달모양으로 둥글게 펼쳐져 있어요. 길이가 무려 740미터나 되는 천연 밀림을 이루고 있는데, 이 밀림은 숲 위쪽에 있는 마을과 농경지를 보호하는 방풍림 역할을 해오고 있지요. 방풍림은 바람을

보길도 바닷가 쪽으로 아름답게 펼쳐진 예송리 상록수림의 모습이에요.

막기 위해 가꾼 숲을 말하는데, 예송리 상록수림은 마을을 바닷바람으로부터 잘 지켜주고 있답니다.

이곳 숲의 나무는 종류가 참 다양해요. 상록수로는 송악, 볼레나무, 메밀잣밤나무, 구실잣밤나무, 붉가시나무, 참가시나무, 생달나무, 가마귀쪽나무, 동백나무, 광나무, 돈나무, 종가지나무, 후박나무 등이 있고, 낙엽활엽수로는 팽나무, 좀새비, 구지뽕나무, 졸참나무 등이 있어요. 대부분의 나무들이 200년 이상 된 나이를 자랑하고 있답니다.

또한 예송리 바닷가에는 상록수림 이외에도 독특한 볼거리가 있는데요. 바로 1킬로미터나 되는 검정자갈밭이에요.

예송리 검정 자갈은 '갯돌' 또는 '깻돌'이라고 불러요. 바닷가를 메운 자그마한 깻돌들은 파도에 쓸릴 때마다 '좌르르 좌르르'하고 아름다운 소리를 내요. 그래서 예송리 바닷가에 가면 시원한 상록수림을 뒤로 하고 깻돌이 연주하는 음악을 들을 수 있답니다.

깻돌이라고 불리는 검정 자갈들은 예송리 바닷가의 자랑이랍니다.

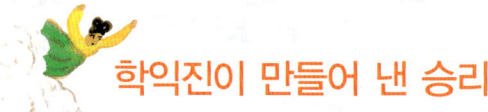

학익진이 만들어 낸 승리
한산도

"적선 73척이 지금 견내량에 있다고 합니다."

전라 우수사 이억기가 이순신에게 다급한 목소리로 말했어요. 견내량은 거제도와 통영 사이에 있는 좁은 수로예요. 왜군의 배가 무려 73척이나 진을 치고 있기는 이번이 처음이었어요.

이순신은 말없이 고개를 끄덕였어요.

임진왜란이 일어난 지 3개월이 지났지만 육지에서의 우리 군은 계속 밀리기만 했어요. 왜군은 한양을 향해 승리의 북소리를 울리며 올라갔지만, 우리 군은 선조 임금이 피난길에 오를 정도로 자꾸 밀리기만 했지요. 하지만 바다의 사정은 달랐어요. 이순신이 뛰어난 작전과 지휘력으로 일본 배들을 통쾌하게 물리쳤거든요.

"견내량 포구는 암초가 많아 싸우기 힘이 드오."

드디어 전라 좌수사 이순신이 입을 열었어요.

"그렇다면 어떻게 하는 게 좋겠습니까?"

이억기가 심각한 표정으로 물었지요.

"적들을 꾀어 한산도 앞바다로 끌어냅시다!"

이순신이 각오를 단단히 한 듯 힘차게 말했어요.

"그게 가능할까요?"

"가능하오. 한산도는 거제도와 고성 사이에 있소. 그러니 적이 헤엄쳐 나갈 수도 없고, 만약에 궁지에 몰려 육지에 내린다 해도 굶어 죽고 말 거요."

이순신이 지도를 가리키며 말했어요.

"좋습니다. 이 수사의 작전을 따르겠습니다."

이순신은 밤낮을 가리지 않고 작전을 세웠어요. 한 번 세운 작전은 몇 번이나 꼼꼼히 따져 보며 수군이 이길 수 있는 방법을 찾느라 온 힘을 쏟았어요.

드디어 수많은 정보를 모아 작전이 완성되었어요.

이순신이 이끄는 전라 좌수군은 이억기의 전라 우수군과 함께 여수를 떠나 한산도로 향했어요. 노량에 이르러서는 원균의 경상 우수군도 합세했지요.

'음, 우리 쪽 전함이 56척이라……. 이 정도면 충분하지.'

삼도 수군을 지휘하는 이순신의 어깨는 무척이나 무거웠어요.

드디어 이순신이 지휘하는 조선 수군이 통영 당포에 다다랐

요. 거제 견내량에는 와키자카가 이끄는 왜의 수군이 기다리고 있었지요. 한산도 앞바다를 두고 왜의 수군과 조선의 수군이 맞서게 된 거였어요.

"적의 배는 대선이 서른여섯 척, 중선이 스물네 척, 소선이 열세 척이라고 하옵니다."

이순신은 거제에 사는 정탐꾼을 시켜서 이미 적선의 형태와 움직임을 읽고 있었어요. 그리고 적의 세력과 지형, 바다의 흐름을 이용해서 그에 알맞은 작전을 세워 두었지요.

"적진을 향해 돌격하라!"

이순신은 먼저 판옥선 다섯 척에 공격 명령을 내렸어요.

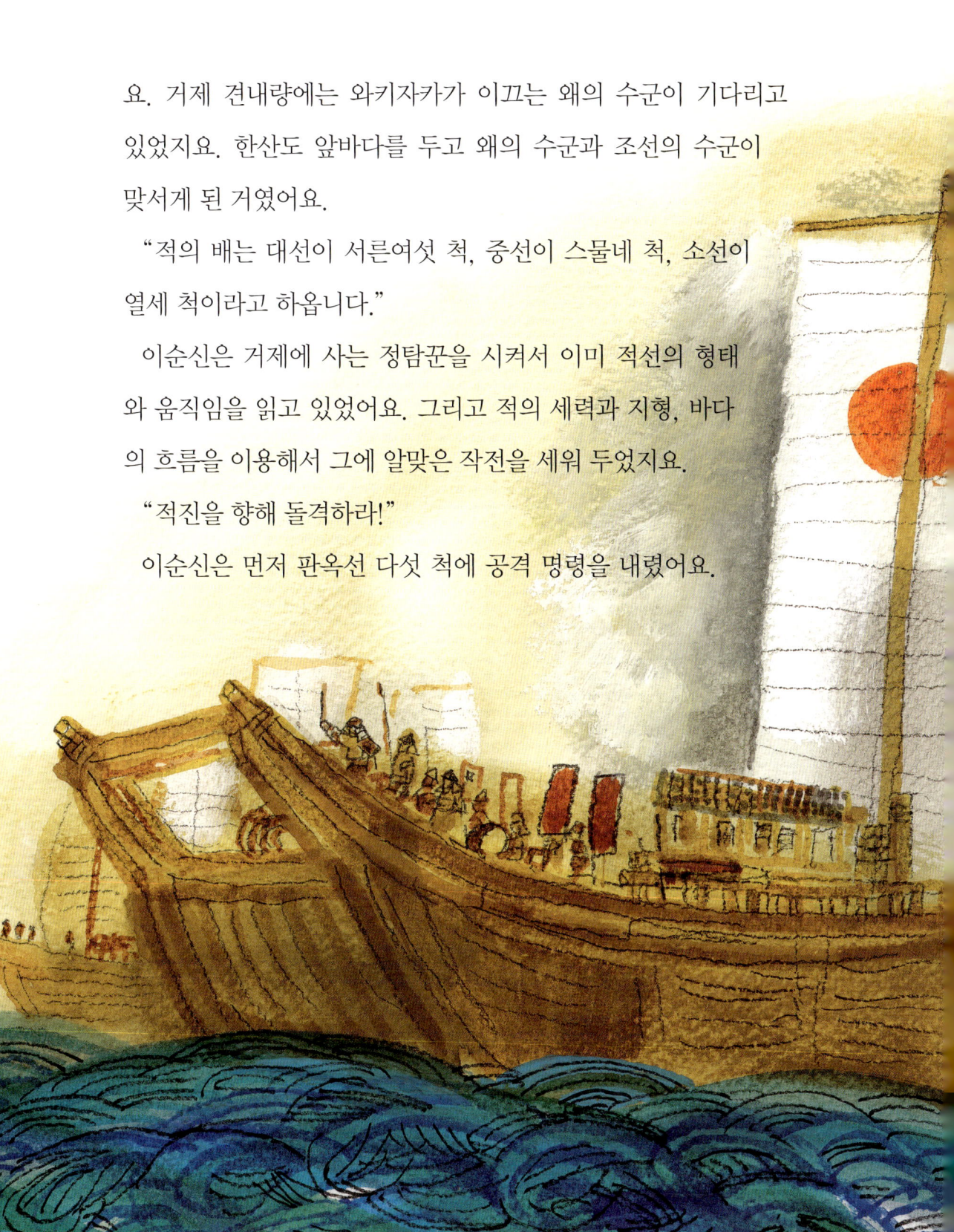

판옥선은 널빤지로 지붕을 꾸민 조선 시대의 군선이지요.

판옥선 다섯 척은 일본 수군이 진을 치고 있는 곳으로 빠르게 나아가며 포를 쏘아댔어요.

"뭐야? 겁도 없이 겨우 배 다섯 척으로 우리를 공격하다니!"

왜의 수군장 와키자카가 가소롭다는 듯 말했어요.

"조총과 활을 마구 쏴라! 배들을 침몰시켜 버려라!"

와키자카의 명령이 떨어지자 왜군들은 조총과 활을 쏘며 반격을 해왔어요. 그런데 얼마 후, 맞서 싸우던 조선 수군의 배들이 뱃머리를 돌렸어요.

"후퇴하라!"

조선의 수군은 갑자기 한산도 앞바다 쪽으로 배를

몰았어요.

"적선과 일정한 간격을 유지하라! 너무 가까워서도 안 되고 또 너무 멀어서도 안 된다. 왜놈들의 배가 적당히 따라오도록 앞서 나가라!"

조선 수군의 배는 왜군의 공격을 뒤로 한 채 후퇴하기 시작했어요. 그러자 왜군의 기세는 더욱 높아졌지요.

"놈들이 도망친다! 놓치지 말고 바짝 따라붙어라!"

와키자카가 큰 소리로 명령했어요.

"조총을 쏴라! 놈들을 그냥 보내서는 절대 안 된다!"

쫓고 쫓기는 추격전이 꽤 오랫동안 계속되었어요. 하지만 조선 수군의 배는 왜선의 공격이 무서워서 도망치는 게 아니었어요. 작전대로 후퇴를 해서 왜선을 꾀어내려는 것이었답니다.

"이제 다 왔다. 조금만 속력을 내라!"

드디어 다섯 척의 조선 수군의 배들이 한산도 앞바다에 도착했어요. 배들은 넓은 바다에 이르자 갑자기 방향을 돌렸어요.

'아! 이, 이런…….'

일본 수군의 수장 와키자카의 얼굴에 갑자기 당황하는 빛이 가득했어요. 넓은 바다에는 어느새 50여 척의 조선 수군의 배가 자신들을 둘러싸고 있었거든요.

'속았구나. 적의 작전에 말려들었어.'

와키자카는 한산도 앞바다에 진을 치고 기다리던 우리 함대를 보고 뒤통수를 얻어맞은 듯한 충격을 받았어요.

"사람의 목숨은 하늘에 달렸다. 살고자 하는 자는 죽을 것이고, 죽고자 하는 자는 살 것이다. 자, 모두 공격하라!"

이순신은 커다란 소리로 공격 명령을 내렸어요. 그러자 한 발의 대포 소리가 망망대해에 울렸어요. 곧이어 조선 수군의 배에 일제히 깃발이 올라가고 북소리와 나팔소리가 멀리 퍼져 나갔어요.

"둥둥둥둥……."

"학익진을 펼쳐라!"

다시 이순신의 명령이 떨어졌어요. 학익진이란 학이 날개를 편

모양으로 늘어서서 진을 치는 것을 말해요. 이순신의 명령이 떨어지기 무섭게, 배들이 일제히 한꺼번에 움직이기 시작했어요.

"와! 적이 우리 품 안에 들어왔다!"

조선의 수군들은 모든 상황이 작전대로 맞아떨어지자 사기가 하늘을 찌를 듯이 올라갔어요.

그런데 그때였어요.

"으악! 저건 또 무엇이냐?"

왜장은 갑자기 나타난 이상한 모양의 배를 보고 겁에 질려 큰 소리로 외쳤어요. 그 배는 바로 거북선이었어요. 거북선은 학익진의 가운데로 나아가서는 시커먼 유황 연기를 내뿜었어요.

"적장이 탄 배를 먼저 공격하라!"

이순신의 명령에 거북선은 왜선을 향해 돌격했어요. 거북선에 부딪친 왜선은 뱃머리가 부서졌어요.

"적을 향해 집중 포격을 가해라!"

이렇게 거북선이 적을 향해 달려들자, 학익진을 펼쳤던 조선의 배들은 왜선을 에워싸고 사방에서 대포를 쏘아댔어요. 왜선들도 조총을 쏘아 대며 열심히 맞서 보았지만, 조선의 판목선의 화포를 당해낼 수는 없었어요.

"안 되겠다. 뱃머리를 돌려라!"

왜장의 명령이 떨어졌지만, 후퇴하기에는 이미 늦었어요. 조선 수군의 작전에 휘말려 후퇴할 길이 막혀버린 뒤였지요.

한산도 앞바다에는 거북선의 공격을 받아 뱃머리가 부서지거나 배에 구멍이 나서 가라앉는 왜선들로 가득했어요. 많은 수의 적이 한순간에 무너지는 것을 보자, 조선 수군들의 기세는 하늘을 찔렀어요.

"둥둥둥둥……."

조선 수군은 북을 울리며 승리의 기운을 북돋았어요. 그 가운데에서도 이순신은 끝까지 적선을 공격할 것을 명령했지요.

결국 이날 전투에 참가한 거의 모든 왜선이 침몰되거나 부서졌어요. 가까스로 살아남은 적장 와키자카와 400여 명의 왜적들은 도망을 쳤어요.

"야호! 우리가 이겼다!"

"조선 수군 만세!"

이 전투가 바로 한산도 대첩이에요. 한산도 대첩은 육지에서 계속된 패배로 사기가 떨어져 있던 조선군에게 큰 희망과 용기를 주었답니다.

백두 낭자·한라 도령과 함께 알아보는 **구석구석 섬 이야기**

섬 곳곳에 남아 있는 충무공 유적지

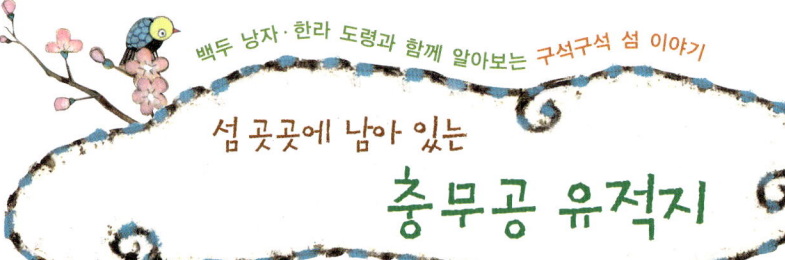

남해 앞바다에는 충무공 이순신과 관련된 유적지가 많아요. 특히 한산도는 섬 전체가 충무공의 유적지라 해도 틀린 말이 아니에요. 섬 곳곳에 있는 임진왜란과 관련된 유적지에는 어떤 것들이 있는지 알고 싶어요.

  임진왜란 전까지 한산도는 아주 조용한 섬으로, 나라에서 쓸 말을 기르는 목장이 들어서 있던 곳이었어요. 그런데 충무공이 통제영을 설치하면서 군사적 요지로 변하게 되었던 거지요.
  임진왜란의 흔적은 한산도 곳곳의 지명에서도 느낄 수 있어요.
  한산도 서북쪽에 자리한 '두억리'는 임진왜란 때 그 앞 바다에 떨어진 왜적의 목이 1억 개는 된다는 뜻에서 붙여진 이름이에요. 또 제승당 뒤쪽에 '개미

한산도에 있는 제승당은 충무공 이순신을 기념하는 유적지랍니다.

목'은 당시 도망치던 왜적들이 개미처럼 달라붙었다고 해서 붙은 이름이에요.

 한산도의 제승당은 사적 제113호로 지정된 충무공의 유적지예요. 충무공이 삼도수군통제사가 된 후 이곳에서 군대를 정비하고 왜적에 맞서 싸울 무기를 준비했다고 해요. 또한 제승당 옆에는 바다가 잘 보이는 전망 좋은 곳에 수루가 있어요. 수루는 적의 움직임을 살피기 위해서 성의 높은 곳에 지은 누각을 말하지요. 충무공은 이 수루에 자주 올라 적의 움직임을 살폈다고 하는데, 바로 이곳에서 충무공의 시 '한산도가'가 탄생했어요.

한산섬 달 밝은 밤에 수루에 혼자 앉아
큰 칼 옆에 차고 깊은 시름 하는 차에
어디서 일성 호가는 남의 애를 끊나니

충무공의 한산도가, 한시 원본이랍니다~!

 나라를 걱정하는 충무공의 마음이 잘 드러나 있는 시이지요.

 또한 제승당 오른쪽에는 '한산정'과 '충무사'가 있는데요. 한산정은 충무공이 군사들과 활쏘기를 연마하던 곳이고, 충무사는 충무공의 영정을 모신 곳이랍니다.

이곳이 바로 충무공이 왜적의 움직임을 살폈던 수루예요.

남편을 기다리다 바위가 된 아내

안면도

안면도는 한반도에서 여섯 번째로 큰 섬이에요. 바다로 해가 지는 모습과 소나무 숲이 예쁜 섬이지요. 특히 해가 지는 모습을 꽃지 해변에서 바라보면 무척 아름답답니다. 꽃지란 이름은 예전에 그곳에 해당화와 매화가 많이 피어서 붙은 이름이에요.

꽃지 해변에서 바다를 바라보면 특이하게 생긴 두 바위가 마주 보고 서 있는 게 한눈에 들어와요. 오른쪽에 있는 큰 바위가 할미바위, 왼쪽에 있는 조금 작은 바위가 할아비바위이지요. 이 바위에는 아주 유명한 전설이 전해 오고 있어요.

신라 시대 흥덕왕 시절, 장보고는 청해진을 중심에 두고 해상 활동을 펼쳐 갔어요. 지금의 안면도인 견승포도 장보고의 해상기지 가운데 아주 중요한 곳이었어요.

어느 날 장보고는 부하 가운데 가장 믿음직스러운 승언을 불러 이렇게 말했어요.

"네가 견승포를 맡아 주어야겠다."

"네. 그곳으로 떠나겠습니다."

이렇게 해서 승언은 장보고의 명령에 따라 견승포의 책임자로 가게 되었어요. 승언은 견승포의 아름다운 경치가 무척 마음에 들었어요. 승언의 아내인 미도도 견승포가 마음에 들었어요.

"이렇게 아름다운 곳에서 살게 되어 정말 기뻐요."

승언은 한 치의 소홀함도 없이 나라의 일을 돌보았어요. 부하들을 친형제처럼 아끼고 사랑으로 다스렸지요. 또한 아내를 아끼고 사랑하는 마음도 남달랐어요.

두 사람은 견승포 앞 바닷가를 거닐며 서로에 대한 사랑을 키웠어요. 하루하루 무척 평온했어요. 승언이 맡은 견승포 역시 편안한 날들이 이어졌어요.

그러던 어느 날 아침이었어요.

"청해진으로부터 급한 전갈이 왔습니다."

승언의 부하가 승언에게 편지를 건네주었어요. 승언은 불안한 마음으로 편지를 펴 보았어요.

'승언은 군사들을 이끌고 북쪽으로 진군하라!'

편지에는 짧은 명령이 적혀 있었어요. 장보고로부터 출정 명령이 떨어진 거였어요.

승언은 곧장 군사들을 모았어요.

"우리는 오늘 저녁 북으로 진군할 것이다!"

승언의 말에 군사들의 사기는 하늘을 찌를 듯 했어요. 승언도

각오를 새롭게 다지며 굳게 마음먹었지요. 하지만 사랑하는 아내를 두고 멀리 떠나야 하는 것이 마음에 걸렸어요. 아내 역시 남편과의 이별을 앞두고 큰 근심에 싸였어요.

"오늘 저녁에 바로 떠나야 하오."

승언이 아내에게 말했어요.

"언제쯤 다시 뵐 수 있을까요?"

"곧 다시 돌아올 것이니 너무 걱정 마오."

"부디 몸조심하십시오."

미도는 사랑하는 남편과 헤어지는 슬픈 마음을 애써 참으며 승언을 떠나보냈어요. 미도는 높은 바위에 올라 남편이 탄 배가 멀어지는 것을 오래도록 바라보았어요.

남편과 군사들을 태운 배는 곧 수평선을 넘어 사라져서는 더 이상 보이지 않았어요.

'부디 건강한 모습으로 돌아오십시오.'

미도는 마음속으로 빌고 또 빌었어요.

하루, 이틀, ……. 그렇게 남편이 떠나고 며칠이 지났어요. 미도는 하루하루가 일 년처럼 길게 느껴졌어요. 미도는 날마다 정성을 다해 기도를 했어요. 남편이 건강한 모습으로 얼른 돌아오기

를 바라면서요.

하지만 몇 달이 지나도록 남편에게서는 아무런 소식도 들려오지 않았어요.

'도대체 어떻게 되신 걸까? 무슨 큰일이 난 건 아니겠지?'

미도는 점점 더 불안해졌어요. 그렇게 불안한 마음이 들면서 어느 날부터인가 미도는 무작정 바닷가로 나갔어요.

"아니, 이렇게 이른 아침부터 또 나가시게요?"

미도를 모시는 하인들이 아무리 말려도 미도는 마음을 바꾸지 않았어요.

"어쩌면 오늘 오실지도 모르지 않니?"

미도는 이른 새벽부터 바닷가로 나갔어요. 그리고는 먼 바다가 내려다보이는 높은 바위 위로 올라갔어요. 그 바위는 미도가 남편을 떠나 보낼 때 올랐던 바위였어요.

"쯧쯧, 돌아오지 않는 남편을 저리도 애타게 기다리니……."
"그러게 말일세. 정말 안됐지 뭐야."

마을 사람들은 한결같은 모습으로 바다를 바라보는 미도를 안쓰럽게 생각하며 말렸어요. 하지만 미도는 바다를 바라보며 군선이 나타나기만을 하염없이 기다렸어요. 그러나 군선은 나타나지 않고 이따금씩 작은 어선들 몇 척 만이 오갈 뿐이었어요.

'언제 오시려나…….'

비가 와도, 눈이 내려도, 심한 바람이 불어도, 미도는 바위 위에서 남편을 기다렸어요. 일 년이 지나고 이 년이 지나고 세월은 빠르게 흘러갔지만, 남편 승언은 돌아오지 않았지요.

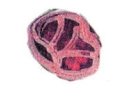

남편을 기다리다 바위가 되었다는 슬픈 전설이 남아 있는 할미바위 할아비바위랍니다.

일 년, 이 년, ……, 십 년.

고왔던 미도의 얼굴에도 주름이 생기기 시작했어요. 하지만 미도는 여름이나 겨울이나 가리지 않고 긴 세월을 하루같이 바닷가에 나가 남편을 기다렸어요.

그렇게 한 평생을 남편을 기다리던 미도는 결국 그 바위 위에서 죽음을 맞고 말았어요.

그런데 그 뒤, 미도가 서 있던 바위가 이상한 모습으로 변했어요. 남편을 기다리던 미도와 닮은 모습이 된 거예요.

"세상에, 저 바위 좀 보게."

"돌아오지 않는 남편을 기다리다 늙어버린 미도 할머니랑 똑같이 생겼구먼."

그때부터 사람들은 이 바위를 할미바위라고 불렀어요.

지금도 이 할미바위가 있는 꽃지 해변에는 '승언리'라 불리는 마을에 있어요. 승언리는 먼 옛날 승언이 살았던 데에서 나온 이름이랍니다.

백두 낭자·한라 도령과 함께 알아보는 구석구석 섬 이야기

천 년의 역사를 가진 안면송

'안면송'이라고 들어봤나요? 안면도에서 유명한 것을 꼽을 때 절대로 빼놓아선 안되는 것이 바로 이 안면송이래요. 안면송에 대해서 자세히 알고 싶어요.

    안면송이란 안면도의 소나무를 말해요. 줄기가 곧게 뻗고 곁가지가 별로 없는 게 특징이에요. 또한 가지와 잎은 우산처럼 넓게 퍼져 있지요.

    안면도의 소나무는 아주 오랜 옛날부터 역사적으로 그 가치를 인정받았어요.

    조선 후기에 김정호가 쓴 지리책인 《대동지지》에는 '일찍이 고려 시대부터 안면곶의 나무를 궁궐이나 배를 만드는데 사용해 왔다.'라는 기록이 남아 있어요. 또한 300여 장의 그림으로 그려진 《해동지지》라는 책에는 유일하게 안면

안면도의 소나무 숲이랍니다.

안면송의 모습이에요.

도에만 소나무 그림이 그려져 있다고 해요. 이것만 보아도 당시에 안면도가 좋은 소나무로 무척 유명했다는 것을 잘 알 수 있지요.

또한 정조 때에는 이런 기록들이 있어요.

'배를 만들 때는 장산곶의 나무를 써도 되지만 배의 앞부분에 쓰이는 나무만은 반드시 안면도의 소나무를 써야 한다.'

'안면도의 풍락송은 쓰러져 죽은 나무까지도 귀히 여겨야 한다.'

죽은 나무의 끝단과 작은 나뭇가지 하나까지도 잘 활용해야 한다고 나와 있다니 정말 대단하지요?

뿐만 아니라 대원군이 경복궁을 지었을 때, 왕족이 죽어 관을 만들었을 때에도 모두 안면도의 소나무가 쓰였다고 해요. 이렇듯 우리 역사와 함께 한 안면도의 소나무는 우리 조상들이 물려준 귀한 보물과 같답니다.

교과가 튼튼해지는
우리 것 우리 얘기

부록

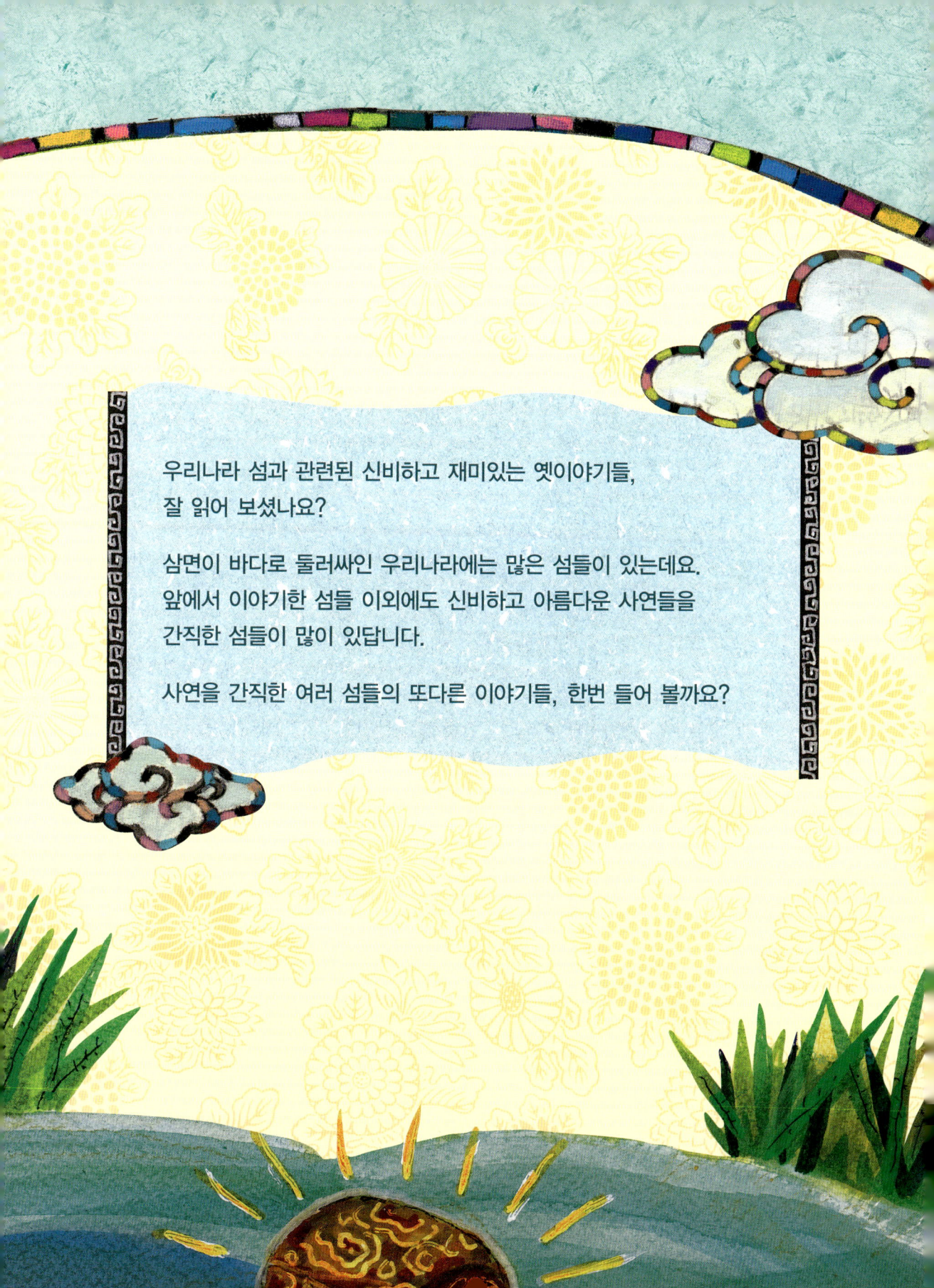

우리나라 섬과 관련된 신비하고 재미있는 옛이야기들,
잘 읽어 보셨나요?

삼면이 바다로 둘러싸인 우리나라에는 많은 섬들이 있는데요.
앞에서 이야기한 섬들 이외에도 신비하고 아름다운 사연들을
간직한 섬들이 많이 있답니다.

사연을 간직한 여러 섬들의 또다른 이야기들, 한번 들어 볼까요?

사연을 간직한 섬 이야기

칠소 무늬의 25억 살 된 바위가 있는 **대이작도**

대이작도는 인천시 옹진군 자월면에 속한 작은 섬이에요. 옛날에 해적들이 숨어서 산 섬이라 하여 '이적도'라고 불리다가 후에 '이작도'로 바뀌었다고 해요.

이작도는 대이작도와 소이작도로 이루어져 있어요. 이중 대이작도는 남한에서 가장 오래된 바위가 발견된 곳으로 유명하지요. 대이작도의 남쪽 해안인 돌얼개의 갯바위에서 무려 25억 1천만 년 전의 바위의 흔적을 찾아낸 것이 그것인데요. 바위는 줄무늬 폭이 들쭉날쭉한 검은 띠와 얼룩무늬가 선명하게 남아 있는 특이한 모양이었어요. 학자들은 이 갯바위의 무늬들이 아주 뜨거운 온도 속에서 끈적거리는 액체로 변한 암석 성분이 커다란 지각 변화를 겪으며 늘어나고 분리되고 끊어지는 과정에서 생겨난 거라고 말했답니다.

그동안 우리나라에서 발견되었던 가장 오래된 바위의 나이는 약 19억 년쯤 이었는데, 이곳에서 발견하게 된 것은 이보다 약 6억 년이나 더 오래된 바위랍니다.

전설과 첨단 과학이 만난 섬, 이어도

제주도 서귀포시에 속해 있는 이어도는 우리나라의 최남단 섬인 마라도로부터 남서쪽으로 149킬로미터 떨어진 거리에 있는 수중 암초예요.

    옛날에 이어도는 제주 사람들에게 환상의 섬이라 불리는 특별한 존재였어요.
    전설에 따르면 이어도는 바다에 나가 돌아오지 않는 남편이나 아들이 사는 곳으로 살아서는 되돌아오지 못하는, 하지만 죽으면 모두가 가게 될 섬이었어요. 사시사철 먹을 것이 넘쳐나서 그 섬에 들어가면 복을 누리고 살게 된다고 믿어왔었지요.
    그런데 이렇듯 1900년대 전까지만 해도 전설 속의 섬이었던 이어도가 1900년 영국 상선 소코트라호에 의해 섬이 아닌 암초였음이 밝혀지게 되었어요. 바다 밑으로 약 4.6미터 아래에 있어서 태풍으로 파도가 거셀 때에만 아주 잠시 모습을 드러내는 암초였던 거예요.
    이러한 이어도에 2003년, 무인의 종합해양과학기지가 세워졌어요. '인간이 빚어낸 섬'이라고 불리기도 하는 이 종합해양과학기지에는 사람 없이 자동으로 돌아가는 최첨단 시스템이 있어요. 그래서 365일 하루도 빠짐없이 해상과 기상 상황을 관측해서 태풍예보와 재해예방에 도움을 주고 있지요. 또한 기지는 해경의 수색과 구난 장소로도 활용되고 있고요.

    뿐만 아니라 이어도에 있는 등대는 그 지역을 지나는 배들이 안전하게 항해할 수 있도록 소중한 눈과 같은 역할을 하고 있답니다.

꼭 지켜야 할 자연환경을 간직한 섬, 굴업도

굴업도는 인천 옹진군 덕적면에 속한 섬으로 우리나라의 여러 섬들 가운데 섬의 원래 모습이 가장 잘 지켜진 섬이에요.

이곳이 사람들에게 관심을 받게 된 건 핵 폐기장 후보지에 오르면서부터예요. 지진대로 밝혀져 핵 폐기장이 되지 않았는데, 잘 보존된 자연환경 때문에 꼭 지켜야 할 자연으로 주목을 받게 되었지요.

굴업도의 남쪽에 딸린 토끼 섬에는 '해식와'가 발달했어요. 한쪽 절벽이 바닷물의 침식작용을 받아 아랫부분이 좁고 길게 침식된 지형으로 해안 지형의 백미랍니다.

굴업도는 남북으로 위치해 있어 서풍과 남동풍을 병풍처럼 가로막고 있어요. 그래서 섬의 동쪽과 서쪽의 모습이 눈에 띄게 차이가 나는데요. 서쪽 해안가는 파도와 바다의 영향으로 바위가 무너져 절벽을 이루고 있고, 동쪽 해안가는 높은 습도와 소금기의 영향으로 바위가 부식되어 구멍이 숭숭 뚫린 모습을 쉽게 볼 수 있지요.

또한 이곳에는 멸종위기 야생동식물 2급에 속하는 왕은점표범나비 애벌레의 먹이인 금방망이와 엉겅퀴가 많아요. 그래서 육지에서는 보기 힘든 왕은점표범나비를 쉽게 볼 수 있답니다.

작은 사슴의 섬, 소록도

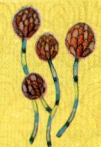

소록도는 전라남도 고흥반도 끝자락의 유명한 항구인 녹동항 앞에 있는 작은 섬이에요. 그 형상이 작은 사슴과 같다고 해서 '소록도'란 이름을 갖게 되었지요.

일제 때 강제로 모아진 전국의 한센병 환자들의 수용시설로 사용되었던 아픔이 많은 섬이에요. 대부분의 섬 주민이 소록도 병원의 직원이거나 이미 전염력을 상실한 음성 한센병 환자들이지요.

처음에 이곳은 한센병에 대한 막연한 두려움과 전염 등을 이유로 많은 사람들이 꺼려하는 곳이었어요. 하지만 전염병 3군으로 분류된 한센병이 단순 왕래만으로는 전염이 되지 않는다고 밝혀지면서 사회적 인식도 조금씩 바뀌게 되었답니다. 섬으로 이어지는 다리가 생기고 섬의 아름다운 경관이 알려지면서 일반인들도 편하게 오가며 구경할 수 있는 곳이 되었지요.

이곳은 울창한 산림과 바다로 섬 전체가 어우러져 있어 아름다운 경치를 이루고 있어요. 새하얀 백사장과 울창한 송림의 소록도해수욕장, 소록도중앙공원, 섬의 남단에 있는 소록도등대가 주요 볼거리 중 하나랍니다.

〈오십 빛깔 우리 것 우리 얘기〉 시리즈
권별 교과 연계표

 국어 사회 과학 도덕 음악 미술
 체육 실과  바른 생활  슬기로운 생활  즐거운 생활

- 신 나는 열두 달 명절 이야기　　사 3-2　사 5-1　사 5-2　슬 1-2
- 관혼상제 재미있는 옛날 풍습　　국 1-2　국 4-1　사 3-2　사 5-2
- 조상들은 어떤 도구를 썼을까　　국 2-2　사 3-1　사 5-1　사 5-2
- 옛날엔 이런 직업이 있었대요　　국 5-1　국 6-2　사 3-1　사 4-2
- 꼭 가 보고 싶은 역사 유적지　　국 4-1　국 4-2　사 6-1　사 6-2
- 신토불이 우리 음식　　국 3-1　사 3-1　사 5-1　사 6-2
- 어깨동무 즐거운 우리 놀이　　국 4-1　사 5-2　체 4　즐 2-2
- 나라를 다스린 법 백성을 위한 제도　　사 3-2　사 4-1　사 6-1　사 6-2
- 하늘을 감동시킨 효자 이야기　　도 3-1　도 5　바 1-1　바 2-2
- 오천 년 지혜 담긴 건물 이야기　　국 4-1　국 4-2　사 5-1　사 5-2
- 세계가 놀란 발명 이야기　　국 3-1　국 5-2　사 3-1　사 5-2
- 빛나는 보물 우리 사찰　　국 4-1　사 6-2　바 2-2
- 나라의 자랑 국보 이야기　　국 5-2　사 6-1　사 6-2　바 2-2
- 나라를 지킨 호랑이 장군들　　국 4-2　국 6-1　사 6-1　바 2-2
- 오천 년 우리 도읍지　　국 4-1　사 5-2　사 6-1
- 하늘이 내린 시조 임금님들　　국 6-2　사 5-2　사 6-1　바 2-2
- 옛날 관청과 공공시설　　사 3-1　사 3-2　사 6-1　사 6-2
- 옛사람들의 우정 이야기　　국 4-1　국 6-2　도 3-1　바 1-1
- 얼쑤 흥겨운 가락 신 나는 춤　　국 6-1　국 6-2　사 3-1　음 3
- 아름다운 독도와 우리 섬　　국 2-1　국 4-1　국 5-2　사 4-1
- 오천 년 우리 강 이야기　　사 3-2　사 5-1

- 생명의 보물 창고 우리 생태지 　국 2-1　국 4-2　사 6-1　과 5-2
- 우리가 지켜야 할 천연기념물 　국 2-1　과 3-2　과 4-1　과 5-2
- 놀라운 발견 생활의 지혜 　국 2-1　국 2-2　사 3-1　사 5-1
- 옛사람들의 교통과 통신 　사 3-2　사 4-1　사 5-2
- 민족의 영웅 독립운동가 　국 6-2　사 6-1　바 2-2
- 교과서 속 우리 고전 　국 3-1　국 4-2　국 5-1　국 6-2
- 우리 국토 수놓은 식물 이야기 　국 1-1　국 5-1　과 4-2　바 1-2
- 우리 조상들의 신앙생활 　국 5-2　사 3-2　사 5-2　사 6-1
- 안녕 꾸러기 친구 도깨비야 　국 2-2　국 3-1　국 4-1　사 3-2
- 빛나는 솜씨 뛰어난 재주꾼들 　국 4-2　사 6-1　음 4　미 3, 4
- 아름다운 궁궐 이야기 　국 4-1　사 6-1　미 5　바 2-2
- 전설 따라 팔도 명산 　국 2-1　국 2-2　사 5-1　음 6
- 방방곡곡 우리 특산물 　사 3-1　사 4-1　사 5-2
- 수수께끼를 간직한 자연과 문화 　국 4-1　사 5-2　바 2-2
- 알쏭달쏭 열두 띠 이야기 　국 3-1　사 3-2　사 5-2　사 6-1
- 천하제일 자린고비 이야기 　국 6-2　사 4-2　도 5　실 5
- 본받아야 할 우리 예절 　국 3-2　도 4-1　도 5　바 2-1
- 이야기가 술술 우리 신화 　국 1-2　국 6-2　사 3-2　사 5-2
- 머리에 쏙쏙 선조들의 공부법 　국 4-1　국 4-2　국 6-2　도 3-1
- 역사를 빛낸 여자의 힘 　사 6-1　바 2-2
- 신명 나는 우리 축제 　사 3-1　사 4-1
- 우리가 알아야 할 북한 문화재 　국 4-2　사 5-1　바 2-2
- 조상들의 지혜 전통 의학 　사 5-1　사 5-2　과 5-2
- 큰 부자들의 경제 이야기 　사 3-2　사 4-2　사 5-2　슬 2-2
- 멋스러운 옛시조 흥겨운 우리 노래 　국 3-1　국 4-1　국 5-1　국 6-1
- 봄 여름 가을 겨울 24절기 　사 5-1　사 6-1　과 6-2　슬 6-2
- 멋스러운 우리 옛 그림 　국 4-2　사 6-1　미 3, 4　미 5
- 나누는 즐거움 우리 공동체 　국 1-2　사 3-1　사 5-2　체 4
- 정다운 우리나라 동물 이야기 　국 2-1　국 3-1　국 4-1　과 3-2

오십 빛깔 우리 것 우리 얘기 20
아름다운 독도와 우리 섬

초판 1쇄 인쇄 | 2011년 2월 28일
초판 3쇄 발행 | 2018년 12월 19일

글쓴이 | 우리누리
그린이 | 허구

발행인 | 이상언
제작총괄 | 이정아

디자인 | SU

발행처 | 중앙일보플러스(주)
주소 | (04517) 서울시 중구 통일로 92 에이스타워 4층
등록 | 2008년 1월 25일 제2014-000178호
판매 | 1588-0950
홈페이지 | www.joongangbooks.co.kr
페이스북 | www.facebook.com/hellojbooks

ⓒ 우리누리 2011

ISBN 978-89-278-0112-2 14800
     978-89-278-0092-7 14800(세트)

- 이 책은 저작권법에 따라 보호받는 저작물이므로 무단 전재와 무단 복제를 금하며 책 내용의 전부 또는 일부를 이용하려면 반드시 저작권자와 중앙일보플러스(주)의 서면 동의를 받아야 합니다.
- 책값은 뒤표지에 있습니다.
- 잘못된 책은 구입처에서 바꿔 드립니다.

주니어중앙은 중앙일보플러스(주)의 어린이 책 브랜드입니다.